华夏智库·新经济丛书

零工经济

——重塑商业模式，世界正在进入零工经济模式

LINGGONG JINGJI

喻晓马 卢 卫 著

经济管理出版社
ECONOMY & MANAGEMENT PUBLISHING HOUSE

图书在版编目（CIP）数据

零工经济——重塑商业模式，世界正在进入零工经济模式/喻晓马，卢卫著 . —北京：经济管理出版社，2018.3

ISBN 978-7-5096-5653-2

Ⅰ . ①零… Ⅱ . ①喻…②卢… Ⅲ . ①经济学—通俗读物 Ⅳ . ①F0-49

中国版本图书馆 CIP 数据核字（2018）第 015842 号

组稿编辑：张 艳
责任编辑：张 艳 张莉琼
责任印制：黄章平
责任校对：董杉珊

出版发行：经济管理出版社
　　　　　（北京市海淀区北蜂窝 8 号中雅大厦 A 座 11 层 　100038）
网　　址：www. E-mp. com. cn
电　　话：（010）51915602
印　　刷：三河市延风印装有限公司
经　　销：新华书店
开　　本：720mm×1000mm/16
印　　张：15. 25
字　　数：202 千字
版　　次：2018 年 3 月第 1 版　2018 年 3 月第 1 次印刷
书　　号：ISBN 978-7-5096-5653-2
定　　价：45. 00 元

前　言

　　全球经济增长持续乏力，对于实体经济挑战越来越大，虽然实体经济发展趋好，但是由互联网商业规则形成的洗牌，影响范围涵盖了衣、食、住、行各个方面，正在全方位地改变人们的生活与工作。与此同时，传统行业正在受到互联网衍生出来的新型产业模式的冲击，大量劳动力进入重新分配和定位的全新时期，尤其是国内，从实体企业制造升级与产业转移将分流大批产业工人，依托互联网平台规则消化这些劳动力也迫在眉睫。

　　具体来说，全球化浪潮下的互联网平台商业模式将催生更多的无人酒店、无人超市、无人驾驶汽车、黑灯工厂等，大数据平台、大健康产业、机器人内容编辑的流行，使传统领域从事医生、记者、会计、编辑及其底层服务业的驾驶员、市政清洁工、服务员、工厂普工等传统劳动者也将面临工作的二次选择。

　　事实上，就业模式的变化已经开始，最近几年，基于互联网平台+个人的临时契约化合作模式促成了微商与直播网红的崛起。而在欧美，通过平台任务的方式连接任务下达方和任务领取方，利用碎片化时间进行工作及其获得报酬的方式已经持续增长和快速普及，甚至现任英国首相特雷莎·梅也因此为零工经济从业者提出特别保障法案，保护已经超过 60 亿英镑、110 万从业者的新兴行业。在我国，属于零工经济范畴的微商在 2016 年已经超过3000 万人，同时创造了 3287.7 亿元的交易规模，而在视频主播及其教育培训、保险、直销等领域，也有超过 3000 万的零工经济从业者逐步走向公众视野。据国内研究机构预测，到 2036 年，中国将有 4 亿人从事零工经济。

中国正在步入老龄化社会，60 岁以上人口数目前已达 2.2 亿。以 2015 年为基准，占 60 岁以上人口数中国总人口 13.5 亿的 16%，占全世界 60 岁以上老年人口的 23%。2030 年，中国 60 岁以上人口数（3.5 亿）将赶超美国总人口数，到 2055 年有望接近 4.5 亿。这当中，大多数老人拥有较为专业的技术和专业经验，他们活跃在教育培训和顾问行业，极有可能成为零工经济中不可忽视的银发群体。

零工经济不是概念，更不是泡沫，而是一次基于移动互联网的全球化浪潮，它正处于快速成长中，而在这一过程中，先进入这一领域的平台方和零工经济从业者都面临诸多挑战，包括相关信用评估、平台规则，同时由于零工经济无法提供稳定的收入，缺乏医疗和福利保障，也被一些专家所诟病。零工经济成为新生代的就业选择，一定程度上符合新的就业观。打零工的人不受上司管制，也不受公司条条框框的束缚，还能同时打多份工。灵活的工作安排让人们实现传统工作岗位给不了的工作和生活平衡，这也吸引了妇女和年长者加入，在面对老龄化挑战的经济体中，更是带来正面的效果。

近期，从亚马逊到阿里巴巴、腾讯等著名互联网巨头，均在大力开发线下无人零售超市，有专家预测，无人零售到 2020 年将突破 1.8 万亿元规模，这也意味着吸纳了大量零售就业的线下终端行业正面临一个变革转折点，某种程度上来说，未来许多劳动密集型行业、数字数据型行业的劳动者将不可避免地会被机器所取代。未来将会有很多行业从业者转行，转岗分流也必然会成为一种趋势。

很多人把零工经济和共享经济、分享经济混淆在一起，实际上，它们属于新生商业模式的不同范畴，属于不同的领域，但是也会有交叉点，如"Xbed"无人酒店模式下，由一位保洁服务员负责半径两千米之内的房间清洁。其中，酒店房间属于共享经济范畴，而保洁服务员则属于零工经济范畴。此外，近期餐饮行业新兴的"共享菜"的共享经济案例中，食客各自分享自己一半菜肴便是共享经济，而负责牵线搭桥并直播的"共享菜"主持人便是零工经济的从业者。

在可以预见的未来，零工经济作为新生事物将出现在越来越多人的生活中，这将颠覆和改变人们的传统就业与合作方式。

目　录

导言　从"合同制"到"雇佣制"，零工经济模式正向我们走来 | 1

第一章　背景透视：应运而生的"零工经济" | 3

　　商业模式和新兴技术催生了新的环境，临时职位日渐普遍。一方面，自由职业者越来越多，他们利用多余的时间，帮助别人解决问题，从而获得一定的报酬。人们也越来越钟情于独立服务于某个精准的个人或机构。另一方面，劳动力市场的面貌与趋势正在改变，一些公司为了开展短期项目，雇用一些非合同制的"独立员工"。由此，"零工经济"应运而生。作为一种新型就业形态，零工经济反映了新一轮技术革命所导致的工作模式、就业模式的巨大变化。

自由职业者的"U"盘式生活 | 4

零工经济的现实与未来——直播的未来在哪里？ | 14

新技术条件下供需双方的对接 | 28

实体企业人员分流下的零工经济 | 42

非全日制工作的就业形式 | 47

"大众创业"催生"零工经济" | 57

零工经济和区块链技术 | 65

第二章　零工经济：一种新兴的经济方式 | 73

互联网对传统经济形式的冲击将催生各种新兴经济形式，虽然目前它们还只是一种补充，但是在未来，它们会越来越多地影响传统社会，并构建起崭新的社会结构。作为一种新兴经济形式，零工经济是一种以人为本的组织模式和工作方式，是人类第一次开始打破工业时代以来形成的"雇佣"模式。零工经济优于"打零工"的关键之处在于实现自己的更高价值，即马斯洛需求原理所说的更高层次的需求。零工经济最大的意义在于解放了人性，使参与者可以自我支配时间并选择服务对象，这将促进人与人之间的人格平等。

零工经济的历史、影响与未来 | 74

"零工经济" ≠ "打零工" | 79

"零工经济" 与 "共享经济" | 88

什么人在参与零工经济 | 94

零工经济催生新型工作模式 | 100

第三章　降低人力成本：零工经济解决共享经济的最大痛点 | 107

共享经济与零工经济在某种程度上属于共生关系，共享经济是硬件、产品相关资源的激活与运用，可以发挥其最大价值；零工经济是除硬件和产品之外，以人为中心的，成本最低、效率最高的配套服务模式。只有共享经济和零工经济结合，才能形成完美闭环。从趋势来看，一切非物质消耗品都可电子化，一切电子化产品都将云端化，一切云端化产品都将服务化，而线下服务的接口就是基于零工经济。零工经济的平台化、契约关系及其信誉口碑评价体系，更有助于把线下散乱的非标服务标准化，从而在不久的未来诞生出一些信任度较高的服务品牌。

压倒共享经济的稻草：运营成本 │108

共享空调：共享经济与零工经济的合体 │114

第四章　企业用人：零工经济下的企业人力资源 │123

零工经济不同于传统雇佣模式，对于这些相对自由程度较高的人员管理模式也引起了越来越多的关注。零工经济这种模式在员工保障和用工的合法化存在着不可避免的短板，因此，新雇佣形式下的企业人力资源管理部门应该特别关注和把握好非合同制、劳资关系、雇佣制这三个零工经济下的新触点，探索企业与多方利益相关者的平衡点。一个基本的原则应该是，对于参与零工经济的人员管理采取强制的规定绝对不是一种好的办法，而通过激励手段引导其行为才更加有效。

非合同制：灵活而高效的公司"独立员工" │124

雇佣制：以人为本的组织模式和工作方式 │128

劳资关系：一种皆大欢喜的转变 │131

第五章　灵活应对：零工经济下企业人力资源部门要更具
##　　　　敏捷性 │133

零工经济时代，传统的雇主和雇员关系开始变得模糊，企业必须更具灵活性，以快速适应变化的劳动力市场，及时应对劳动力市场中劳动力短缺和技能缺口的问题。这一现实问题向企业人力资源部门提出了挑战，人力资源部门的传统职能如制定企业劳动力市场战略和监督雇佣关系等将要从根本上发生转变。洞察是行动的基础，要想在这种变化里立足，组织机构就必须重新理解这些改变是如何影响他们的市场和劳动力的。人力资源管理面对发展组织文化、多元化劳动力队伍、变革绩效管理问题等，要更具敏捷性和灵活性，为探索新型雇佣关系管理做出努力。

员工变身自由职业者，企业该如何面对新雇佣时代｜134

零工经济对雇主、招聘人员和雇员的影响与对策｜140

零工经济时代，人力资源要更具敏捷性｜142

新雇佣时代下，人力资源管理如何让员工成为股东｜148

第六章　三大措施：新雇佣时代，企业人才招聘和管理的变革举措｜153

新雇佣时代，企业人才招聘和管理必须进行变革，采取相应的措施来应对新时代的要求。本章从实操的角度提出三大措施：第一，为团队甄选合适的自由职业者，强调采取灵活的招聘模式，并在实践中确定选才标准，招到A类选手；第二，善用大数据技术进行招聘，通过实例展示来说明大数据对招聘的重要性，给出了人力资源们用大数据技术进行招聘人才的方法；第三，不能把新人"扔进"相关部门或项目，一是要求自由职业者应该具备一定的素质，二是在工作过程中提供资源和支持，三是设置专门的机构负责管理，比如采取转正或激励的管理办法等。

措施之一：为团队甄选合适的自由职业者｜154

措施之二：善用大数据技术进行招聘｜160

措施之三：不能把新人"扔进"项目或相关部门 | 169

第七章 抓住命门：不怕"打游击"，三招破解企业用人风险 | 177

虽然零工经济风生水起，但也有用人公司担心，这些自由职业者就像打游击，打一枪换一个地方，会不会带来一些意想不到的风险？对此，这里给出破解企业用人风险的具体方法：第一，核实应聘者的"自由职业"身份，对他们标榜的资质、才能和经验都要加以验证；第二，签订协议，合理规范双方的权利义务，这是确保各方利益的有效办法；第三，平台方对注册者资质进行严格审核，这也是降低企业用人风险的有力措施。

第一招：核实应聘者的"自由职业"身份 | 178

第二招：签订协议，合理规范双方权利义务 | 181

第三招：平台方要对注册者资质进行严格审核 | 185

第八章 经济观察：零工经济带来的挑战与机遇 | 193

在全球范围内零工经济不可否认地促进了人才流动，但参与零工经济的人在获得自由的同时也意味着要面对更多问题和风险，诸如无法获得足够的工作量、没有安全感、不知道如何优化时间表等。但这些问题并非无解，世界各国的企业、政府等各方面都在进行积极的探索，有的已经取得了可以学习借鉴的经验；而作为参与零工经济的主体，自由职业者自身也在努力调试自己的身心，以适应这个新的变化。当然，失败的案例也不少，但从"吸取教训"的意义上讲，起码我们可以运用"排除法"来减少损失。

零工经济对全球人才流动的影响 | 194

零工经济对我国文化领域的影响 | 197

打零工者面对的问题与应对措施 | 199

如何促进零工经济健康发展 | 217

自由职业者如何理解自由和获得自由 | 220

参考文献 | 229

后　记 | 231

导言 从"合同制"到"雇佣制"，零工经济模式正向我们走来

在美国的一次竞选演讲中，当时的民主党总统候选人希拉里·克林顿悲叹，"打造世界上迄今最大经济体及最强中产阶级"的美国职业契约（即"只要努力工作并发挥自己的作用，就可以获得成功"的契约）如今受到了削弱，正如她所说，零工经济"正在创造着激动人心的经济并释放了创新"。

从"合同制"到"雇佣制"的转变就是零工经济的最大意义。很多人有追求自由的渴望，而一些公司为了开展短期项目而雇用一些非合同制的"独立员工"的现象越来越普遍，于是零工经济应运而生。这是一种新的"雇佣制"，是在新的就业世界里开辟出的一条道路。事实上，零工经济是过去三十多年来发生在就业领域转变中不可忽视的一个部分，正如美国著名企业家兼投资者尼克·哈诺尔在《民主期刊》发文时说："终身制职业一去不复返，更不用说其附带的'铁饭碗'以及经济保障了，取而代之的是一个决心要将全职员工转换为承包人、供应商及临时工的新型经济。"

摆脱传统"合同制"、采用新型"雇佣制"的零工经济正在崛起，兼职平台、自由职业者或众包平台、企业乃至政府，应该如何理解和应对这种新型经济形式？这是当前必须面对的课题。基于此，《零工经济》一书解析零工经济产生的时代背景，阐释零工经济的关键要素和深刻内涵，重点论述了零工经济给企业用人带来的积极影响，强调企业人力资源部门在人力资源管

理过程中要更具敏感性，给出破解企业用人风险的办法及企业人才招聘和管理的三大变革措施，并全面分析了零工经济给社会各个方面带来的机遇与挑战。书中有企业家、专家、政府官员的权威观点，有来自著名机构的具体数据和结论，有涉及零工经济下用工与就业等方面大量的实例展示，涵盖广泛，内容翔实。对于解答当前面临的零工经济问题大有帮助。

零工经济模式正向我们走来。认识零工经济，降低社会成本，企业可以开发人力资源；减少资源浪费，兼职平台可以更好地对接供需双方的需求；个人可以投身创业实践，创造美好人生。认识零工经济，从本书开始。

第一章　背景透视：应运而生的
"零工经济"

商业模式和新兴技术催生了新的环境，临时职位日渐普遍。一方面，自由职业者越来越多，他们利用多余的时间，帮助别人解决问题，从而获得一定的报酬。人们也越来越钟情于独立服务于某个精准的个人或机构。另一方面，劳动力市场的面貌与趋势正在改变，一些公司为了开展短期项目，雇用一些非合同制的"独立员工"。由此，"零工经济"应运而生。作为一种新型就业形态，零工经济反映了新一轮技术革命所导致的工作模式、就业模式的巨大变化。

自由职业者的"U"盘式生活

在互联网对传统经济形式的冲击下，中国诞生了许多新兴经济形式。放眼世界，如今的社会，各种"临时职位"日渐普遍。越来越多的人正在过一种类似于"U"盘的生活——随插随取，哪里需要就插在哪里。

☞什么是自由职业者？

根据《韦氏大词典》的解释，"自由职业者"指脑力劳动者（作家、会计、编辑等）或服务提供者，他们不隶属于任何组织的人，不向任何雇主做长期承诺而从事某种职业，他们在自己的指导下自己找工作做，经常但不总是在家里工作。英文为"Self-employed"，意思是"自己雇用自己"。

自由职业者有很多别名，诸如顾问、临时工、自由代理人、承包人、"单飞雁"、"独行侠"、自由工、单干户、电信通（指精通电子的人，尤流行于欧洲）、虚拟雇员、虚拟企业主（目前非常流行）等。

与自由职业相对的除了传统的雇佣职业，还有签约职业。20世纪90年代，签约职业相对于体制内来讲是极具诱惑力的，由此出现了许多签约作者、签约专栏主持人、签约演员等。著名撰稿人王朔，音乐人谭盾、郝峰等都是当时媒体捕捉的热点。自由职业者享受着无拘无束的自在生活，但由于名声和水平尚不能达到"签约"的高度，有时也要以生计的窘困为代价。但是无论如何，越来越多的年轻人对这种生活方式很向往。

有人认为所有没有正式单位的人员都可以叫作自由职业者，包括失业人员、待业人员等，这种观点是错误的。所谓自由职业，即首先要有职业，然后再有自由。一个人没有或找不到职业，是不可以叫作自由职业者的。美国人罗伯特和莎伦在《富爸爸财务自由之路》一书中将世界上所有的人分为四类，分布在四个象限中，即E象限的雇员、S象限的自由职业者、B象限的企业所有人和I象限的投资者。他们认为这四类人都有自己的理想生活状态，雇员的理想生活状态是"我有一份工作"；企业所有人的理想生活状态是"别人为我工作"；自由职业者的理想生活状态是"这工作属于我"；投资者的理想生活状态是"钱为我工作"。由此可以看出，作为一名自由职业者，必须至少有一项能够安身立命的本领，比如摄影、写作、动画制作等。对于那些一无所长的待业人员、失业人员等是不能被称作自由职业者的。成为自由职业者并不是一件容易的事情，要成为自由职业者，必须具有一定的技能与知识，社会生存能力，还要有坚强的意志。缺乏相应的社会关系，缺乏生存的技能，就没有资格做一个自由职业者，成为自由职业者绝不是平庸者和无能者。

据《走第三条道路——与你一起做自由职业者》一书分析，自由职业者不会成为政府解决就业问题的"累赘"，但也不会主动去创造就业机会，这样的群体在每个城市、每个乡镇、每个国家都存在，大体可以占到就业人口的1/6~1/4。在中国，习惯把有工作的人员简单分为就业人员和创业人员，

却不重视自由职业者的存在，其实许多工作岗位并不一定需要社会和国家提供，个人有责任首先管理好自己，能够自我雇用也是对就业市场的一个贡献，如果很多人愿意这样做，那会大大缓解中国的就业压力。

☞**自由职业者的类型**

中国的自由职业者究竟有多少？至今没有看到权威机构对这一人群有过全面的统计，但一些相关的人群所表现出来的特征，还是可以给我们带来许多信息。自由职业者大致可分为三类：SOHO族、MORE族、MO族。这些似乎是对自由职业者的另类称呼，其实只要认识了他们趋同的一面，也就可以看到自由职业的新趋势。

SOHO族是指在家办公的一类新人。人的精神文明与物质需求随着互联网时代得以提升，SOHO族应运而生。一方面，互联网的出现加快了生活节奏和社会节奏，社会价值的创造必须跟上互联网的速度，于是一切都加快了脚步，时间似乎总是不够用。另一方面，互联网毕竟解放了劳动力，促使了"休闲文化"的诞生，使很多工作可以节省时间，生活节奏和工作节奏可以在时间的自由支配下舒缓下来。SOHO族就是享受互联网便利带来的舒缓节奏的一族。

SOHO族起源于美国20世纪80年代中后期，到80年代末已风靡世界各发达地区和国家。自90年代初期登陆中国，便迅速在北京、上海、广州等大城市掀起一股旋风。世界上目前仅德国就有360万人以SOHO方式工作。德国IBM公司有25%的员工在家里为公司工作。在美国现在已有3000万人拥有了家居办公室。SOHO族的出现标志着自由职业者一族的兴起。

诞生于20世纪90年代末美国硅谷地区的MORE社区，也就是互动商务居住区，是2000年欧美地区从SOHO演变而成的全新社区概念，是SOHO族基于人性化的延伸，因此也被称为"后SOHO时代"，更体现人权至上的人文精神。如果从自由职业的视角来看我们的家，那么我们的家至今已经经历了三代：第一代是传统的家，是为家人提供依靠的港湾，它是与工作完全脱

离的，给人以温馨和安全感；第二代是 SOHO 式及 LOFT（语义为开敞空间）式，是完全开放的没有隐私的家，以家为工作间的模式，便于客户来访、交流；第三代是与工作既脱离又关联的 MORE 社区（语义为达到或处于更大范围或程度的开敞空间），户主及家人不但而且各自拥有一片完全属于自己的天空，拥有工作间，更加人性化，更多地关注人的需要，更多地渗入了温情，更多地与社会融合。第三代是更新的"1+1"居住模式，预计将会在不远的将来取代 SOHO。

MO 是 Mobile-Office（移动办公）的英文缩写，是现代白领一种全新的工作方式。MO 族居无定所、装备豪华、四海为家，随时随地都可以利用手中的移动电话、手提电脑等工具展开工作。他们的大部分时间是在火车、飞机旅途中。他们是真正的飘一族，工作起来神出鬼没、机动灵活、收入颇丰，充分地享受现代高科技带来的种种便利时尚的生活。作为新型的时尚群体，他们的飘忽、他们的浪漫、他们的匆忙、他们的成就使他们成为时下最风光的一个工作群体，"新新青年"最羡慕的对象。他们比 SOHO 族更占据时代优势，具有更广阔的发展前景。

下面通过两个例子来看看自由职业者的生活状态。

我国台湾的丁肇云通过自己当"SOHO 一族"赚钱的经历写了一本《穿着睡衣赚钱的女人》，讲述她如何利用互联网发送美容电子报，又通过网站卖美容保健品，忙得不亦乐乎，大多时候喝着咖啡、足不出户、穿着睡衣，享受生活的同时赚大钱。《穿着睡衣赚钱的女人》的出版，又给她增加了一份收入——版税，同样是穿着睡衣就可以完成的工作。

美国的杰夫·保罗曾经是一个有着 10 万美元财务赤字的"失败者"，后来因为发现了一本 1931 年出版的营销书，靠着一套不可思议的技巧赚钱，到了 1992 年，他每个月的收入达到了 5 位数，过着很多人都想拥有的梦想生活，并且快速成为在家工作的百万富翁，他把自己的经验总结写成了一本书——《如何穿着睡衣坐在厨房桌边也能轻松快速地挣钱》，发行量达到 15 万册。

☞自由职业者的"自由"职业有哪些

自由职业者队伍中有许多不同的职业，他们的薪金状况、工作状态，以及适合人群都各不相同。目前，自由职业者的职业主要有以下几种：

一是自由撰稿人。每天可以睡觉睡到自然醒，穿着睡衣，打开电脑，开通 QQ、MSN、电子信箱，与在线的朋友打声招呼，然后叼着烟卷，喝着咖啡，循着灵感完成某家媒体或者公关公司约写的稿子。对于一些知名作家身份的自由撰稿人，会有许多媒体杂志找上门来约稿。但据一位朋友介绍，一般的自由撰稿人都会有一份副业，如果单纯靠写稿子挣稿费，很是辛苦。

薪金状况：稿费一般都按千字来计算，报纸的稿费每千字一般在 100～200 元，公司的稿费每千字 50～200 元、300 元不等。时尚类媒体的稿费更高些。

适合人群：文字功底深厚要对某一领域有深刻的认识。想要做自由撰稿人，最好是在有了一定的物质基础后，再来考虑恢复自由身。

二是服装设计师。服装设计师一般都会有一个自己的工作室，他们需要做的就是去开拓自己的顾客群。采取的服务方式也灵活多样，设计师会依照顾客需求，到顾客家里或者单位实行就近服务。顾客也可以到工作室来。薪金状况：简单的夏季礼服，一套下来 1000 元左右，豪华的则可能收入 5000～6000 元，如果是非常繁复的豪华礼服，收费也可能达到 5 万～6 万元。

适合人群：要是一个技术上的全才，不单单会设计服装，对于时尚、审美、色彩、穿衣礼仪等方面都要了解。

三是私人形象顾问。私人形象顾问是从最符合这个人的身份的角度出发，挖掘其更深层次的东西，对一个顾客从头到脚、从穿着到化妆，来表现这个人的外部特征。用一个私人形象顾问自己的话说，就是指导一个人如何分场合恰到好处地展现自己的魅力。做形象顾问也要拥有一部分资源，再通过一些社交场合建立新的顾客群。

薪金状况：做 2~3 年后，一般年薪为 10 万~20 万元。

适合人群：必须有审美方面的天分和兴趣，要对美学、心理学方面领悟得很通透。阅历比较深，还要跟上时尚发展的潮流，有电影界、画家的朋友。

四是平面设计师。平面设计师的生活是折页、海报、宣传喷绘的变奏曲。他们只管设计和创意，属于一份宣传品的中间环节，但是与前期的顾客和后期印刷的协调关系如何，也会影响到整体的运作。先期投入包括电脑、打印机、数码相机、扫描仪等大约 2 万元的投入。

薪金状况：影视时尚类的设计价格会高些，折页一般 1 页收费 50~100元，设计一张海报一般 500~600 元。

适合人群：有好的作品，技术要好，这样对顾客才有说服力。同时要有自己的理念，具备好的口才。

五是弹唱歌手。弹唱歌手分好几种，有搞原创，有"拷贝"的，还有即兴发挥的，即兴发挥的要求比较高。弹唱歌手一开始都是从业余爱好出发，在没有找到更好的出路之前，大多会到酒吧等地方去唱歌。随着技术的加深，便想循着这样的方向发展。有经朋友介绍去驻唱的，也有经酒吧招聘然后自己去应聘的。

薪金状况：在酒吧一个小时收入为几十元，高档酒吧唱歌的收入一个小时可能有几百元，一个月下来有 2000~3000 元。如果是多年的舞台歌手收入会高些，一个月收入上万元的也有。

适合人群：年轻一族，最好会弹奏乐器，对经典、流行的歌曲比较熟悉，尽量是不同风格的，而且会的歌曲越多越好。

总体来说，注册会计师、保险商、时装设计、律师、环境工程师、计算机顾问、财务顾问、人员培训师、媒体专家、摄影师、公关专业人士、自由撰稿人、保安人员、职业购物员、房地产代理、平面设计师、网页设计师；

珠宝、服装、陶艺及各类工艺品设计人员、产品经销员、进出口贸易；音乐、绘画从业员等，可以做自由白领。

自由职业者得到的是自由，摆脱的是束缚。但自由职业者更应善待自己，做好自我管理工作，努力调整自己的状态，才不会为自己的"自由"付出代价。

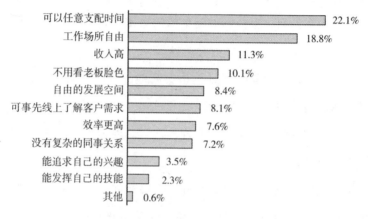

想成为 O2O 自由职业者的原因

☞自由职业者的未来

自由职业者的第一条道路是就业之路，虽然这是一条早已铺就的大道，但更是一条已经拥挤不堪的道路。走在这条路上，始终充满着想象和机会，却竞争激烈，供大于求的现实早已让民众和政府痛下决心，一定要开辟新路，让压力可以得到释放。

自由职业者的第二条道路是创业之路，这是一条只适合小部分人的道路，路况不可知，危机四伏，如果掉入没有窨井盖的下水道，将难以很快消除满身的晦气。当然，最后从这条道路上走出来的人，可以得到英雄凯旋一般的礼遇。

自由职业者的第三条道路是自由职业，这是一条有待开发的新路，也是一条更多元化和个性化的理想之路。走上这条路，涉及的人员仅此一人，投入的成本很少，失败的概率很小，因为有了这条道路，让不同特长的人各行其道，就可以从前两条道路上分流。

　　自由职业者本身是一种创业，只不过更加轻模式化与低成本化。自由职业者发展到后来，可能也将走上合伙创业之路。之所以说自由职业者是一种更轻模式的创业，在于自由职业本身就是一个人走通了从产品到专业能力品牌定价、包装、品牌传播、产品或内容出售的全产业链。但自由职业与创业又有不同，它更多的是依赖兴趣与特长以及知识、专业能力来驱动而不是商业模式来驱动的，是一个人孤独的创业。它需要更多地依赖个人在某一领域的资源与核心能力来构建商业模式，这个能力决定了它是一个有门槛的市场。用一句简单的俗语来说就是："没有金刚钻，别揽瓷器活。"

　　选择自由职业，不仅是选择了与众不同的职业方向，更是选择了一种快乐而自由的生活方式。在中国经济持续发展，家庭的财富积累已经不需要为眼前的生计忙碌时，选择自由职业的人越来越多，在"80后""90后"的个性发展得到空前呵护与促进下，SOHO一族更是不断涌现，以至成为一种新

的时尚。中国自由职业者的黄金时代已经到来，放在我们面前的要么是失业，要么是习惯"U"盘式的自由工作。

零工经济的现实与未来——直播的未来在哪里？

如果 2016 只能用两个关键词来形容，那么除了直播之外，肯定就是共享单车了，用户打赏、平台分成的现金流模式，让直播看上去像是简单到躺着都能挣钱的生意。所以在当来疯 CEO 张宏涛以保守的态度对待移动直播时，很多人都觉得他错失良机，现在再看看移动直播的数据，这些人终于能理解当初的迟疑是为何了。

QuestMobile 2017 年夏季报告中，比起上一年，行业中的"领头羊""映客"正准备将 50% 以上股份卖给本土公关公司宣亚，直播行业中独立 APP 的用户总规模明显呈现持续下滑趋势，对比 2016 年的盛况，DAU 在半年中从 400 多万迅速下降至两三百万，可谓落差巨大。"领头羊"的日子都过得不容易，那些比较靠后的直播公司就更不用说了，刚迈出脚步进入市场，直播市场的游戏就已经到最后一轮了。

如果说这样的数据还不够直观的话，那就从移动直播的另一个群体——主播的数据来看，2016 年，主播的身价水涨船高，尤其平台间的抢主播之战，类似天价球员转会一样的新闻都出现在了直播界，转会"身价过亿"制造了不小的话题度，几大直播平台的主播人数约 350 万人，再看 2017 年所看到的直播新闻最多的关键词成了"讨薪""被封"，总体收入仍是有增长的，但增长速度却在不断放缓。

对各大直播平台来说，现存最烦恼、最关键的还是用户的"存留"问题，怎么保留新鲜感？怎么保留用户对平台的黏性？怎么在相同时长中以内容出彩？这样的困境可能会使得一个独立的直播网站难以立足、转型？转而依附上市公司？这些方式能不能拯救都还是未知数，只能说是改变不知道结果如何，但是不改变就一定坐以待毙。

流量多多？钱多多？

2016 年，斗鱼炉石主播安德罗妮、萌太奇以 1 亿元的薪酬，双双签约虎牙三年。2017 年，映客花了 1 亿元用于打造所谓"最美 IP"樱花女神大赛上，但效果却远不如 2016 年底所花的 1 亿元，之前的 1 亿元映客全投给了春节期间的广告，电视台、院线、视频网站都有映客的身影，引进了不少新主播和用户，算是钱花在了刀刃上，由于"主播"之前在社会的概念比较偏，因此这次的投放还起到了一定的为主播"正名"的效果，不论是从整个直播行业还是从直播内容上来说，是不亏的。所以，该不该投、值不值得投这些问题，在直播行业发展存在的不同时段，有着相当不同的答案。

一开始，直播的方向和市场都是单一的，专注于 PC 端、选择少、集中在游戏上，也没有做广告的价值，当然也有流量大佬带着网络直播一起玩儿，不过基本依赖于 PC 端的百度秀吧、网易 BoBo、网易 CC、腾讯 QT 直播间……到后来移动端加入战局，带美颜效果、移动端携带便利，直播优势立现，从未接触过直播的投资者和创业者发现直播特有的"打赏"模式，对金钱的累积是以肉眼可见的速度在增加，于是，仅一年时间，直播平台从 80 家增加到 1000 家，截至 2016 年 12 月，中国的直播用户达 3.44 亿，占网民总量的 47%。

其中依靠直播达到效益最高点的可不止一两家，社交软件以陌陌和 blued 为代表，从陌陌最近几次发布的财报来看，这家成立 5 年的移动互联网公司迎来新一轮的上升期，最大"功臣"当数年初开始尝试的直播业务。据陌陌 2016 年第三季度财务报表显示，净营业收入达 1.57 亿美元，同比增长 319%。归属于陌陌的净利润为 4950 万美元，同比增长 1182%，持续 7 个季度盈利。电台则是以荔枝 FM 的起死回生为代表，而最成功的应该是一直播，直接依靠微博，热点、仅搞笑、萌宠内容的直播就吸引了很多人，再加上微博中有明星的直播助阵，有着大量天然的流量来源。所以在 Quest Mobile 的最新报告里，它的月度活跃用户达到 5900 万也是理所当然的事。

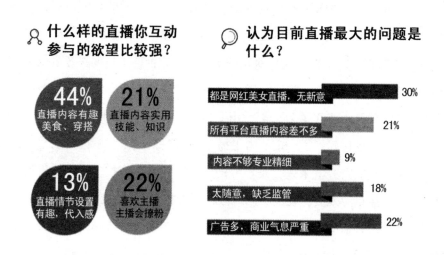

什么样的直播你互动参与的欲望比较强？

- 44% 直播内容有趣 美食、穿搭
- 21% 直播内容实用 技能、知识
- 13% 直播情节设置 有趣，代入感
- 22% 喜欢主播 主播会撩粉

认为目前直播最大的问题是什么？

- 都是网红美女直播，无新意 30%
- 所有平台直播内容差不多 21%
- 内容不够专业精细 9%
- 太随意，缺乏监管 18%
- 广告多，商业气息严重 22%

2017 年"两会"对直播行业进行了规范，对涉及暴力、色情、血腥、猎奇相关的直播平台以及平台中一些打擦边球的内容做了处理，撤掉了一部分用户和平台，本来很多用户只是因为好奇心才加入观看直播，或者粉丝为了观看某明星的一场直播而装载 APP，直播结束 APP 也随之卸载，想留住群体不容易，每次都请明星不但无法支撑一个平台的真正内容，更无法真正留住群体、长期运营。

前文提到的用户"留存"问题事关直播平台流量花得值不值得，也就是说事关一个平台的生与死。如果在内容上没有做到有持续的吸引力，那么再大价钱的流量也没有用。各大平台为内容的新鲜争抢主播，使得主播身价上升，但如果钱花了没有达到效果，平台就会陷入一个"死循环"。

快手的红人主播多，打赏也是平台上最主要的转现手段，只有在短视频消息中能刷到夹杂直播间或者某个主播的消息，才能进入直播间。但人家现在都不愿意把"鸡蛋"全放在直播这一个"篮子"里，曾经移动端直播带来了新鲜感，不费半分力气就能带来大量流量，这些现象正在慢慢消退，且平台竞争更加激烈之后，直播平台开始意识到了长期流量来源如何获取才是关键。

老牌子的直播，例如战旗这样有根基的，都是想方设法地尝试转型，小的直播平台就更不用说了，可能连转型的机会都没有，可能在连名字都尚未被人记住的情况下就已经倒闭了，短时间内想要完成"鲤鱼跃龙门"真不是那么容易的事儿，钱多就流量多？不一定，流量多就来钱多？也更不一定。

"直播+"

如今直播平台上比较活跃的内容有着明显的类型倾向，也反映了前期用户的内容取向。一是秀场直播（又叫社交直播，观众拥有社交方面的需求，要么投入时间，要么投入时间+金钱来获取心理上的社交满足感，甚至某些生理上的满足感，主播提供以上社交服务，以换取打赏）；二是游戏、动漫类，这类直播主题明确、粉丝群体稳定且有影响力强大的直播内容；三是极少数由明星名人偶尔参加某活动的内容直播（明星做菜直播、电视剧电影发布会直播）等。

游戏、动漫类直播可以说是相对比较稳定的群体，但要求趣味性和技能都要比较强，第一类这样的擦边球还是需要在网管的监管下，上线又下架、换名又上线，第三类就更不用说了，还没有哪个直播平台能做到每场直播都请明星，因为成本很大，这对平台的长期成本是不小的挑战，就这些直播内容而言，仍然有些单薄，再后来，"直播+"应运而生。

"直播+教育、医疗、电子……"甚至微博上的公安局官微也开启了直播，直播交警检查高速公路路况、直播交警开罚单等，让观看者第一次窥见其他行业的工作状态，属于好奇、新奇类的内容，但是在起初的好奇和新鲜度褪去之后，也面临着平淡的反应，并未引起太大的社会反响。

　　直播平台也试着像优酷、搜狐一样做自己品牌的网络综艺节目，走起了"综艺节目"路线，斗鱼与米未传媒合作《饭局的诱惑》，熊猫与灿星共同出品《小葱秀》……要知道，论广告价值，直播可比文字要高多了，所以，直播平台最终的目标不过是希望"直播+综艺"的模式能够培育出平台自身节目 IP，可以说这样的终极目标适用于所有的直播平台，因此 2016 年下半年、2017 年上半年"直播+综艺"基本是血战的状态。另外"直播+购物"的方式直接将受众定位到了女性群体，淘宝上仅仅通过看用户评价购物的方式已经无法完全解决购物者的质疑，于是直播将购物的货品直接动态地呈现出来，对质量、款式的了解增多，也比纯粹的图片和文字介绍信任感更强，对女性用户比较多的平台来说，这说不定会成为一个专门的版块。

　　平台的问题尚未完全找到突破口，依托直播平台壮大的主播公会也是动荡重重。首先，随着平台增多，想找好主播也不是易事；其次，内容性更强

要求主播的某一方面的趣味性更强，或者专业素质更强，抑或生活性强能引起同感；最后，对主播来说，摆平心态很重要，一步登天实际难度很大，"躺赢""轻轻松松月薪过万"如果没能实现，那么心理预期就会有很大的落差。再者，平台要抽利、主播公会在不断增加，想出头，没点儿特别的，主播想赚钱都难。所以公会本身也在尝试着转型，对主播的专门培训、给网红音乐主播出唱片（陌陌）、投资网拍剧（快手）都是途径，最终希望达到的目的就是主播成为带广告价值、带作品、带通告行程的"明星"，设想是好的，但是脱离直播的主播该以什么样的方式、以什么样的价值和能力存在，仍然是困境，就像今年的戛纳电影节，三名来自陌陌的主播走上戛纳红毯，却没想到评论是一致的喝倒彩。

直播间外的发展与引进，对公会、平台和主播来说，都还需要摸索，尤其在 2016 年之后，监管部门对直播行业的高度关注，主管部门的严查关停了 12 家平台，也对包括 YY、虎牙、龙珠在内的 30 家知名平台进行了问责处罚，《关于加强网络视听节目直播服务管理有关问题的通知》《互联网直播服务管理规定》等规则的出台，使直播内容必须在规定范围内获得关注度，这是要求平台和主播"带着镣铐跳舞"，可谓是难上加难。

加入相关规定允许的新内容或者是具有一定的社会价值的内容会不会成为一条新出路？直播到底该何去何从，主播的"全职"与"零工"会给这个行业带来怎样的整合？下一个风口又该怎么抓住？用"36氪"中的一句话总结出的一条规律来说，这是一个似曾相识的故事：创业者和资本快速抓住一个风口，以极高的热情、大量的金钱制造了用户量的爆发，经历急速挣钱和花钱，又受到政府强力监管——直播行业过去一年的速起速落，将变成一个又一个以年为计的新风口。

平台技术下的网络主播与零工经济模式

2017年有个词引爆全国市场——共享经济，像往年的O2O、VR、P2P、"互联网+"等关键词一样，几乎每个词汇前都加上了"共享"二字，尤其在共享单车占据市场份额之后，共享汽车、充电宝、单车、KTV、雨伞、篮球、家具、房间等纷纷出现，随便拎一个项目出来，不管存活时间的长短，都是资本追捧的对象。共享单车在一年时间内，ofo共计融资8轮，约44亿元，摩拜融资额约34亿元，公司估值从几千万美元迅速飙升到10亿美元以上，创业投资方面，腾讯、华平、愉悦、金沙江等实力雄厚的企业纷纷出力。

2017年7月21日，广州某餐厅已经通过直播平台第一次展现了"共享菜"的例子，这也是全球首例"共享菜"的实际实施，食客与邻桌在点菜前决定好共享的菜式，后厨在上菜时已经将共享的菜式分成两份送到桌上，以同样的价钱尝多样的菜式。由于是第一例"共享菜"，没有任何APP支持，所以"共享菜"的发起人伍思铜和她的两个朋友以主播的身份承担了平台的作用，了解食客需求、付款上菜、选择共享菜式等，可以说是"共享菜"的一次成功试水，并不是说"共享菜"是完全成功的，而是这次"共享菜"的第一例是成功的，因为其特点不论好坏都明显地表露了出来。

第一，选择接受"共享菜"的食客，对解决"浪费"问题是有社会价值的，以一份的价格，享用两份美食，且由于"共享"，食物的量是完全合理

的，基本不存在浪费；第二，食客对"共享菜"的接受度在于想吃多种美食但吃不完，食客对"共享菜"的戒备心则主要分为对食物卫生的疑问，那么餐厅采取全透明的分盘上菜会不会有帮助；第三，"食客的时间成本"，由于"共享菜"的卫生问题，选择共享菜式必须在点菜时进行，当食客不愿共享或者食客出现单数桌就需要继续等待其他愿意共享的食客，那么食客是否愿意付出这个时间成本；第四，食物差价，既然美食多样，那么价格就有高有低，这中间的差价如果是通过适当添上价格来解决，那么又该由谁决定添价格以及添多少等又成了问题，选择低价位菜式的人当然愿意和选择高价位菜式的人进行菜式共享，但是反过来就不一定了；第五，此次没有 APP 平台的支持，需要大量人力沟通，产生了大量额外成本。

　　根据发起人伍思铜的想法，这样双向的"互动共享"只是对"共享菜"实施和理解的第一类，她对"单向共享"的操作则会更引人注目一些，仍是依托直播平台，依旧是她个人带着两个伙伴，只不过这一次她自己先买好了所有高昂价格的美食，选择共享的对象是艾滋病患者和工地的工人，明显能

看到发起人的目的早已不再局限于单纯的"共享经济"，而是希望通过"共享菜"引起某些群体的社会关注、实现群体的社会价值，与工地工人共享菜，是为了因为改进饮食与就餐环境，与艾滋病患者共享菜是为了向社会普及艾滋病的传播途径中心是血液、性接触、母婴传播，一般的触摸并不会感染艾滋病，共同进餐、握手等都不会感染艾滋病，所以艾滋病患者在日常生活当中不应受到歧视。这里伍思铜所传播的"共享"概念不是经济价值，而是更容易激起社会公益关注的社会价值，她觉得这是为真正推动社会弱者的基础建设走出的第一步。

她知道"共享"的特点已经被讲得烂熟，所以她需要建立新的概念。这也是这个案例最特别的地方，她本人就是最好的例子。能看到，对行业（店主）尤其是对发起人也就是这个主播而言，"共享菜"是典型的零工经济，对餐厅食客来说则是共享经济，其模式具备了零工经济最典型的特征。第一，非全职，工作时间集中，不要求全天或者全职，自由度相对较高；第二，工

作种类分方向、分类别，餐厅可以要求对美食有研究的主播，画稿要求的方向不同可以要求不同风格的画手，旅游推广可以要求旅游达人做推荐评价，行业和"零工"的对接比简单的企业招聘精准了太多，非常典型的术业有专攻；第三，前期成本低，就此模式来看，对行业和"零工"双方的成本都相

对降低，行业可以通过短期合同选择与社会当下热点关联比较紧的"零工"，以效果决定雇佣，"零工"则更加简单，就是出售自己的专业技能，会吃、会说、会写、会画等，不需要长期固定在同一地点、考虑长期吃住，只存在薪资与技能的简单关系。

因为零工经济这些特征，对行业造成的影响也相当具有代表性，就餐厅而言，有以下两点好处：第一，开展短期合作，不存在长期合同的麻烦，比选择长期代言的成本低很多，当下哪一位"零工"的工作状态好就可以选择哪一位，保持新鲜度；第二，由于零工经济招收的"零工"一定是专业性强的，所以对口味的精进、菜式的调整包括对菜式的定价都会有大众性的帮助。

零工经济是跨境消费的最佳实施

2016 年 12 月 21 日，USTR（美国贸易代表办公室）重将阿里巴巴纳入年度"恶名市场"，这距离 2012 年 12 月 13 日 USTR 将淘宝移出名单仅仅四年，给出的理由就是假冒产品严重，在 2013 年的"恶名市场名单"，中国被列为最大的假货实体市场，尤其以电影、成衣、软件、电子游戏等物品侵权情况特别严重。有人从中看到批评，就有人从中看到机遇，由此引起的跨境消费最先带动的应该是旅游"代购"，也就是最简单的"零工经济"。

但是没过多久，"假货"的阴霾就再次笼罩所谓的私人代购，代购团体通过伪造快递信息让消费者以为购买的是海外代购的正品，另外由于代购存在税务和"再代购"的差价（朋友的朋友代购，中介费的收取），所以商机明明有，却用错了地方。

如何利用好这个商机，火货零客对跨境消费理解得很透彻，零工经济将成为跨境消费的最佳实施，作为火货环球旗下的零商平台，"零客"直接在平台操作，非全职、非全勤，拿到的是全球优质正品代理。但是买卖双方都更正规、更便利，也成功减少假货劣质品的可能性，只要在货流、货仓方面保证正品，那么平台就能保证商品的正规，其构建的模式就是"平台+正品+个人"，使"零工"人员有能力、有时间、有资格享有这其中的收益，并且个人利用的完全是自由的、零碎的时间。

还是以伍思铜为例，她最早看到有关"零客"的机遇，且因为她本身是旅游达人、对潮流和国际货品有着敏锐的触感，所以她最先开始借助这个平台，以自身阅历开启"零客"课堂，包括化妆品课、红酒课堂等，并且用零碎的时间换取最大的价值。这样的方式倒不是百分百一样的，她之后又再脱

离"零客"这个平台开启个人的直播劝烟活动，没有固定的方向，也不是固定的职业，而是不定时、不间断在做各种方向内容不一的现场直播。像这样不断试探新的价值、社会内容与影响的行动，能不断尝试和挖掘更多可能的社会商机，同时用自身想法和技能换取经济价值和社会价值，因此，在之后零工经济的发展里，这样的方式也许会逐渐成为更多"零工者""自由工作者"的追求。

从以上几个案例来看，以"人"为本的零工经济发展潜力已经相当巨大，一个大公司不再是单纯的集团经济，而是展开了"组合"经济，专业更强、分工更细、时间更短，每一个"零工"都是专业技能最强的"螺丝"，能使"庞然大物"效果更高、成本更低，且个人的独立价值也会因为得到更高的认证。在一些短期项目的进行过程中，这样非长期、独立性高的关系显得尤为重要，供需双方在网络平台会面，效果、通过资历、需求领域实现精准对接，薪水报酬明确结算，"资"方省去多种保险，"劳"方只要求在规定时间专注于完成一个目标就足够，效率更高、自由度更高、完成度更高。

"零工经济"和"打零工"只有几个字之差，但概念是完全不一样的，两者有着最基本也是最为不同的特点，"打零工"目的是维持生活的需要，作为商品售出的是单纯的劳动力，与个人的爱好、兴趣、自由度毫无关系，只与劳动力的价值有关，但"零工经济"的本质是人利用最喜欢的技能、自己最擅长的资源和自由度最高的时间，来获取相应的薪资、追求自己更高的价值，在美国心理学家亚伯拉罕·马斯洛1943年《人类激励理论》的论文中，提到马斯洛需求层次理论，生理需求属于第一层，安全需求属于第二层，尊重需求和社交需求属于第三、第四层，最高层是自我实现需求，也就是说实现个人理想，发挥个人的能力到最大程度，自觉性提高，解决问题能力增强，善于独立处事，要求不受打扰地独处，完成与自己的能力相称的事情的需要。这样看来，"零工经济"对应的层次已经非常明显，"零工经济"的途径可能因人而异，但其所对应的层次依旧属于更高层次的需求。

生存跟生活有什么区别？一个是续命，另一个则是续心。那生活的最高境界是什么？不过就是保持着良好生活状态的同时以个人技能换取经济基础，实现个人价值，也唯有这样，工作才不会变成一种负担和拖累。对"资方"来说，所支付的报酬直接与工作结果、完成度挂钩，效果好，公司支付的成本高，如果不满意，则成本支付的也就不高。所以，对于劳资双方来说，这

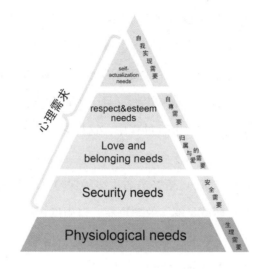

是一种皆大欢喜的转变。"零工经济"改变的不仅仅是长期的劳资关系，公司通过成果支付人工成本，而人本身则不是工资的奴隶，是脱离出来，释放更多的能力和价值，相互促进。

新技术条件下供需双方的对接

零工经济能够发展壮大依托互联网的出现，是它创造了这样的机会。互联网新技术条件让"供给方"和"需求方"直接对接，让个人价值最大化成为可能，也使企业便于满足短期化、年轻化与阶段性的人才需求。

☞互联网链接效应使个人价值最大化

零工经济的本质就是互联网的数码平台，链接下达任务和接收任务。先来看下面两个案例：

【案例一】

2016 年 11 月 15 日，国内领先的互联网招聘网站拉勾宣布上线企业外包平台"大鲲"，致力于构建可依赖高效的人才共享模式，一头连接企业的项目需求，另一头海量专业人士帮助互联网公司高效匹配可以提供服务的专家，同时助力 1000 万专业人士实现财务自由。"大鲲"平台上汇集了很多专业开发者、营销人员、设计师、编程人员甚至是小型公司、工作室，"大鲲"为其提供可持续、有品质的外包项目，再配以法律协议，并和 51 社保合作，帮助自由职业者解决社保等问题，实现人才的专业技能共享。

作为按需雇用的代表，"大鲲"通过按需雇用的模式打破空间的限制，让企业以更轻松的形式吸纳人才，解决公司阶段性人力资源供需不平衡的问题，降低固定成本，适应不断变化的生活以及企业的运行方式。举例而言，企业如果无法全职雇用到一个专家级人才，可以通过"大鲲"用短期项目合作的方式与此类人才发生关联，从而提高竞争能力，更好地面对未来 5 年中国互联网行业高达 1000 万的人才缺口。

【案例二】

2016 年 7 月 8 日，北京中关村科技园"零工社区"通过扫描二维码的形式宣布项目正式启动。丰台园管委会、台区副区长主任张婕表示，有别于其他现有的创业孵化园区，"零工社区"是在新经济的环境下，基于创业者与科技大咖之间智力共享而搭建的新型创业平台。

"零工社区"的核心是将有想法的人引入一个平台之上，并基于智力资源的需求和供给进行相互链接。具体来说，项目依托丰台区各类高端人才资源及众多的科技创新型企业，以共享经济的商业模式将碎片化的智力资源合理地调配，通过互联网大数据技术进行高效整合，并快速有效地聚集高端智力资源进行线上线下的互动，以解决创新创业难题。一般来说，共享经济是指以获得一定报酬为主要目的，基于陌生人且存在物品使用权暂时转移的一种商业模式，商品或服务的需求方、供给方和共享经济平台是其中三大主体。"零工社区"正是承担了这种共享经济平台的角色。从具体操作层面来说，张婕表示，社区将基于大数据的分析计算，将相关的问题及需求定向地匹配给相应的大咖，通过知识和资源的分享解决问题。

"在专家大咖的知识共享层面，'零工社区'将保持社区的开放性，未来将会继续开放企业组织和个人进入社区，进行知识与资源的分享，但是，具体的开放模式还有待商定。"依云集团董事长夏华女士对 21 世纪经济报道记者表示。

在电子科技大学互联网科学中心主任周涛看来，"零工社区"不仅仅是一个汇聚资源、提高效率的平台，它实际上是一种对前沿的未来商业模式的探索。而作为"零工社区"线下空间的代表，北京贝壳菁汇董事长张磊甚至大胆预言，基于高端智力共享模式的"零工社区"，很有可能改变未来的创业生态圈。

诺贝尔经济学奖得主、交易成本理论提出者罗纳德·科斯曾经对企业的价值进行过解释：在一个完全开放的劳动市场，人们可以出卖自己的劳动力，互签合约，同时购买他人的劳动。

　　从这句话来看，这种模式的实现是在一个完全开放的劳动市场。事实上，随着当前移动互联网共享经济平台以及各种社交媒体平台、内容创业平台、直播平台、知识分享付费平台的发展，完全开放的市场倾向正在变得越来越明显。

　　事实上，自由职业者的工作方式更加适合那些突发性的项目。例如，无法保证自己有长期稳定的订单，因而偶尔外包出去一个项目的某一部分；甲方的需求比较突然，自己的团队忙不过来；自己的公司并不是以这个职业为主要盈利模式，因而没有必要建立这样一支团队而选择外包……

　　加曼和全球成千上万自由职业者一样，她是新加坡的一个视频制作人，在一个互联网平台上靠"打零工"挣钱，不再通过传统的招聘中介机构去找一份固定的工作。她在一个月内接了 4～10 份自由工作，是通过一个名为"90 秒"（90 Seconds）的云视频制作平台。加曼说，自从一年之前加入"90秒"以来，所有工作是在这个平台上找的。她制作了一份简历，将个人履历和视频作品集都贴在简历里，挂在平台上供招工者参考。如今，在"90 秒"这个平台上"趴"着全球 70 个国家的 5000 多名自由职业者。"'90 秒'提供的工作灵活性很强，比如只做自己喜欢做的事，我可以在家办公。"加曼说，一旦对视频做了剪辑，或者脚本出现新变化，客户还可以通过这个平台实时获得更新版本。

　　类似"90 秒"这样基于云计算建立的平台，对于自由职业者来说，这些平台也是他们大展身手的最佳舞台，让许多公司在招人时能从全球人才的汪洋大海中迅速锁定适合的应聘者。更重要的是，对供求双方来说，这种"即时即需"的匹配方式对供给方而言收益颇为可观，对需求方而言很节省成本。当前互联网的平台链接效应正在让越来越多不同领域个体的作用凸显出来，平台聚集专业性个体，专业个体聚集粉丝，个体自带流量粉丝形成品牌并生产专业内容对接企业与消费者。在互联网的链接效应下，依赖平台输送的方式链接供需双方，可以打破地域的限制。互联网的链接、共享与聚合、开放经济效应会解放出来很多"自由人"。对于许多经验丰富、技术过硬、阅历精彩的老员工来说，自由人可能意味着有了更多的选择。

在互联网链接效应下，一个在某一个领域具备"专业主义"价值的人可以成为一个认知盈余者、分享者，集聚一定的粉丝，出售自己关于某个专业领域的认知，获得一定的群体话语权，就有可能收获其应得的利润与回报。企业可以借助知识付费平台、共享经济服务交易平台、内容生产平台等找到这部分消费者与专业人士对接，让供求双方更自由地选择，满足企业发展过程中的阶段性与短期需求，或者与自由职业者建立一种更为高效的合作关系，打破既有企业与行业的禁锢，以一种近乎完全竞争的市场模式，激发组织创新活力。

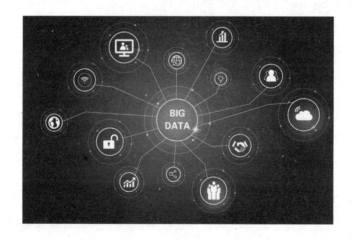

事实上，当前自由职业者多扎堆于市场营销、文案、设计和培训等专业性较高的服务行业，目前也正在扩散到网约车司机、Instacarter 买手、Airbnb 房东 Taskbabbit 达人、直播网红、自媒体人、与自由作家或者知识分享平台某一领域的投资理财专家、专家学者、职业规划师、设计师、插画师或者自

由程序员。与此同时，私人旅行策划师等新奇有趣的工作也正吸引着年轻人加入自由职业者的行列。有专业机构预计到 2020 年，自由职业者人数将占总劳动力的 43%。事实说明，人们开始有了条件以自己的天赋与手艺为生，不再依附于一个机构或组织。通过互联网知识付费平台或者内容平台、共享平台，你可以灵活地出售技能、时间和金钱，获取收益以及打造自身的圈子人脉、个人品牌与影响力的机会。

用《反脆弱》一书的观点来看："有些事情能从冲击中受益，当暴露在随机性、波动性、混乱和风险、压力和不确定性下时，它们反而能茁壮成长和壮大。"面对充满不确定性的未来，以自身的能力拥抱这种更为自由化的职业模式显然具有更好的反脆弱性。

☞平台技术条件下的主播群体

网络主播群体是直播平台的核心资产，下面来看几个案例：

【案例】

美宝莲纽约在新品发布会期间，除了在淘宝的微淘上对其新代言人 Angelababy 进行现场直播，同时还邀请 50 位网络主播开启化妆间直播，直击后台化妆师为模特化妆的全过程。当天该活动使美宝莲整体无线访客比前一天增长了 50.52%，而配合互动，仅仅直播当天就实现了 10607 支的销量，销售转化也成果斐然，刷新了天猫彩妆唇部彩妆类目下的纪录。

在第 69 届戛纳国际电影节中，巴黎欧莱雅在美拍开启"零时差追戛纳"系列直播，全程记录下了包括李冰冰、巩俐、李宇春、井柏然等明星在戛纳现场的台前幕后直播视频，创下 311 万总观看数、72 万总评论数和 1.639 亿总点赞数的各项数据纪录。而带来的直接市场效应是，直播 4 小时之后，李宇春同款色系 701 号 CC 轻唇膏在欧莱雅天猫旗舰店售罄。

巴黎欧莱雅和美宝莲纽约作为欧莱雅集团旗下的两个化妆品子品牌，为什么热衷直播营销，并提前看准了直播营销无与伦比的效果呢？欧莱雅集团中国 CEO 斯铂涵认为，在传播层面，实际正在发生一场巨变——新市场营销的革命，其中数字营销是非常重要的一部分。而这一切源于消费者导向，也就是消费者自己而不是传统广告决定了他们要买什么。因此市场营销的内容将从指挥式的变为更具亲和力的。例如，美宝莲纽约戛纳电影节的范冰冰话题，就从通常仰视明星、高高在上的角度变为更温暖、更贴近、有连接度的话题。从渠道层面，因为高质量网络视频能够让更多的消费者了解和使用彩妆，而消费者评论与分享也为产品营造了良好的口碑效应。我们在新市场营销这方面获得了极大成功，如"双十一"24 小时内美宝莲在纽约就售出 10 万支口红，这真是不可想象的。要与年轻消费者有互动、相连接，在创新产品的同时，也要创新内容本身，这是这两家公司的共同特点，为此欧莱雅和美宝莲相继试水直播营销，不仅和斯铂涵的营销大方向吻合，同时，也很好地验证了其营销策略的正确性。

在营销界，小米也一直是个传奇的存在。小米在大屏手机小米 Max 举行发布会期间，为证明其超耐久性，就在 B 站和自家的小米直播平台开启了一场"小米 Max 超耐久无聊待机直播"。直播中，推广主角小米 Max 被放置在桌上，每隔 1 小时点亮手机屏幕一次，如果手机有电，则持续直播。结果，该直播进行到第 15 天时，收到了约 676.7 万份礼物，观看总人数超过了 2600 万，并收获了 24.4 万的关注量。而小米公司创始人、董事长兼 CEO 雷军在线下发布会之后，于晚间八点左右开启小米直播与网友互动，同样吸引了最高 28 万人同时在线，他不无幽默地称自己终于超越了同事"大神"已成小米第一。

对于直播，雷军表示："我十分同意扎克伯格的那句话，直播真是一个激动人心的事情。就像当年我们感觉 BBS 是不得了的创新，后来微博、博客的出现也使我们十分惊喜，直播一定会改变信息交互形式，因为通过这种方式没有什么是说不清楚的，也没有什么是不能说的。"

因为看到了小米 Max 直播超预期的传播和转化效果，小米无人机发布会采取了纯线上模式，除了小米直播、小米微博、小米论坛、小米网、MIUI 论坛等小米旗下平台外，还联合爱奇艺、CIBN、bilibili、第一财经、凤凰科技、斗鱼、虎牙直播、京东、龙珠直播、熊猫 TV、蜻蜓 FM、天猫、喜马拉雅 FM、1 直播、YY、优酷、战旗 TV、Knews 等 20 余个国内热门直播平台对发布会进行了同步直播。最后，这场 3 小时的线上发布会，在线观看人数最高达到 156 万，同时观看总人数达到 1092 万，其中，通过小米直播观看的人数就超过 100 万，而雷军作为整场发布会的主播，从小米直播收获超过 300 万星票，再次刷新小米直播纪录。

直播中，雷军再次分享自己对直播的看法："直播是一种全新的方式，建议创业者关注直播，这里存在巨大的机会，利用好直播向用户介绍自己的产品。"

综观上面的案例可以看出，相对于传统的营销方式，直播聚集起用户的注意力，更容易吸引用户的关注，尤其在自身品牌有一定知名度，或者引入明星等公众人物的情况下，一场直播聚集的人气更是成倍增长。而对于明星而言，通过直播这种方式与品牌合作，不仅能获得代言费，同时还可以拉近与粉丝的距离，并在聚集新粉丝的同时，获得打赏等新的收入来源，可以说是双赢。

据腾讯研究院联合龙珠直播平台对全国 4500 多位主播进行的问卷调查显示，目前的主播呈现出草根化、年轻化和中等学历化等主要特点。简而言之，"年轻草根群体"是目前主播大军的主力群体。第一，主播呈现年轻态，出生于 1990~2000 年（18~27 岁）的主播人群占比达 82%。性别比例上，游戏直播呈现男性占优，泛娱乐主播呈现女性占优。第二，草根和中等学历主播风靡。从地域分布来看，超过八成聚集于二线及以下城市和农村地区，其中三、四线城市和农村地区的主播占五成，一线城市主播仅一成。从学历上看，处于高中、大专和初中学历的人群占比近 80%。主播给这一群体提供了展示自己的舞台，只要有自己的特色或者是有一技之长，无论身处何处都可以得到展现自我的机会，获得收入甚至成名。

目前主播行业中依旧以兼职的自娱型主播为主，全职的创业型主播依旧是少数派，占比约为 7:3，稳定的全职主播的占比仅为 20%。其中，兼职主播中学生占比最高，约 39%，而在全职主播中，以前做过兼职、现在全职的主播大多为自由职业者，占比约为 48%。

对于娱乐型主播和创业型主播，主要在以下四大方面存在区隔：

第一，对于全职和兼职这两种不同的主播工作形态，更多的是从主播自身认知层面确定，直播平台并没有明确的界定。

第二，从本次调研数据来看，创业型主播中接近半数的人将主播视为创业/工作（49%），这成为其从业最重要的原因，而增加收入、多交朋友分别占比 31% 和 44%；而自娱型主播的首要两个从业原因是好奇尝试（43%）与多交朋友（47%）。由此可以看出，创业型主播为了创业增收的目的从事直播，目标明确。而自娱型主播的情况有所不同，更多出于社交和娱乐的需求，收入和工作并非首要因素。

第三，创业型主播和自娱型主播在签约情况上存在明显的差异。对于创业型主播，高达25%的比例选择通过与第三方经纪公司、直播平台或其他组织签约，实现直播内容生产和专业化的个人包装。其中，仅有10%的自娱型主播会选择签约，而签约直播平台成为创业型主播的首选，约占比18%，其余90%是以个体的直播形式走个性化的道路。

第四，创业型主播和自娱型主播未来的主播发展方向不同。首先，从事全职的主播工作是74%创业型主播的首选，也有将近30%的自娱型主播看好前景，选择从兼职向全职转换。而且创业型主播，还会为此充分打磨羽翼，学习直播相关知识（55%）、未来还将在和粉丝沟通交流（68%）、组建自己的团队（23%）和准备直播内容（35%）等方面做好充分准备。其次，仍然将主播作为副业。以自娱型主播为主，将近2/3选择继续做兼职主播。而创业型主播中也有22%的人，迫于竞争压力等原因，从全职退为兼职。最后，则为放弃直播。整体上，选择未来放弃直播的主播占比仅为6%，其中八成为自娱型主播。

在现阶段观看直播的用户中，尤其是"00后""05后"这批年轻的直播用户有高达53%用户会考虑尝试做主播，其中"00后"的比例高达63%，而"05后"则还要高出5个百分点，两者均远超过其他群体。

从腾讯研究院联合龙珠直播平台进行的直播用户调研数据中同样得出，当前火爆的AI和VR等科技与直播融合，为未来主播的内容生产方式带来更多可能：

第一，VR+直播模式。VR直播相对于普通直播，其最独特的优势就是沉浸感，能够使观众产生身临其境的感觉，最大限度地满足观众不能到达现场观看的遗憾，互动性更强，视觉体验更佳。

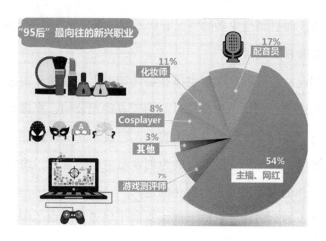

当前国内外的 VR 直播集中在活动和大型赛事等事件直播，以新闻、体育、娱乐为主。例如，NBA 试水 VR 直播，NBC 则利用 VR 直播美国总统大选，还有王菲幻乐一场和 Bigbang 澳门演唱会开放 VR 直播等。普遍具有话题性高特点，参与性大，也往往构建于粉丝经济的基础上。

对于个体主播的 VR 直播，国内也已有平台试水，如花椒直播在 2016 年年中上线 VR 直播专区，并以柳岩直播超过 600 万观看拉开序幕。但作为新兴技术，VR 直播也面临着技术瓶颈、内容缺失、网络带宽、硬件成本等多方面的问题。而在个人主播层面的应用，壁垒更加凸显。因此，VR+直播对于主播、平台甚至用户都提出了更高的要求，如何利用创新的应用在直播红海竞争中脱颖而出，还值得拭目以待。

第二，AI+直播模式。人工智能在直播行业应用早已出现，如对于直播内容的管理和审核，海外已有平台达到 90% 以上的识别率。除此之外，在直播内容生产层面，机器人直播也登上舞台。

2017 年 3 月，花椒直播首推 "TLBOYS" 的智能机器人组合，在直播中 9 名机器人成员轮番上阵，带来不同的才艺表演，包括喊麦、讲段子、跳舞等，精彩程度不输当红主播，在网络上引发了巨大的热议。两场直播累计 1 小时，打赏礼物超过 1200 万花椒币，吸引超 200 万网友围观，折合人民币约 120 万元，成为智能机器人进入主播领域的成功尝试。

相对于真人主播而言，智能机器人成为主播，其内容无须分成，更加可控，还可以连续进行直播工作，对高科技的新鲜感，观众的付费意愿也较高。

随着人工智能的兴起，已经引发各界对于未来就业的热议。海外有调研数据显示，未来的 2069 项工作、820 种职业中，710 项工作（34%）可被机器人替代。对于主播而言，也许担忧为时尚早，但智能机器人直播的火爆也许让人们看到了未来的可能性。

最后值得注意的是，平台技术条件下的图文直播是一种不容忽视的形式。在缺少视频的情况下，用文字描述即时比赛或新闻现场报道，同时配上现场采集的图片，可以增强直播现场的直观感受。图文直播是网络直播的一种形式，即现场图片加上关于新闻事实直播的文字介绍，这种形式多用于体育赛事的网上直播，也用于各种其他新闻事实的现场报道。

☞揭示 3D 打印技术与零工经济的秘密

3D 打印技术会进一步改变大工业生产的模式，使生产定制化、更加分散化。

3D 打印原本就是一项创造性很高的技术，和它联系最为紧密的领域之一就是 DIY（自己动手制作），它不会成为稍纵即逝的风潮，相当适合零工经济这种模式。因为 3D 打印能应用到的领域越来越广，从食品到器官组织，从定制珠宝到游戏角色模型。只要你拥有一台 3D 打印机，并且掌握相关的技能，就可以实现从消费者到产销合一者的转型，为别人提供各种各样的服务。

另外，虽然目前还没有出现比较成熟的类似 Uber 那样的相关软件，但是 3D 打印服务网站却并不缺乏。比如 Shapeways，专为用户提供各种需要的 3D 打印产品；3D Hubs，将附近的 3D 打印机和用户连接起来，促进定制产品的实现过程。从根本上看这些网站与 Uber 并没有太大的区别，它们都创造了一个平台，用户可以在上面通过自己的产品赚钱，同时也可以向其他人寻求服务。

当然，与传统职业模式相比，零工经济虽然平台更加广泛、更加自由，但相应的保障、福利等方面也有缺失的地方。然而利用业余时间，靠自己的 3D 打印技能生活还是相当可行的。当下无论是物流业还是互联网都很发达，虽然国内还没有这样的平台，但是只要你有技术，才华还是很有可能被发现的。

☞O2O 招聘模式让人才供需双方快速 "配对"

2014 年 12 月 21 日下午，首届黑马创交会之 "千企万人招聘大集" 在国家会议中心举办。此次活动实现了本届创交会 "四大交易" 中的人才交易功能，吸引了 1000 多名求职者和 120 家互联网企业参与。黑马 HRD（人力资源总监）联盟也在这场招聘大集上正式成立。

在黑马创交会现场，上千名事先在网上登记注册的求职者和数百家创业公司进行 "亲密接触"。这个招聘大集由周伯通和创业家传媒联手举办。先是在 "双十二" 当天，创业家传媒和周伯通联合发起在线招聘节，超过 2000 名创始人亲自上阵招徕人才，24 小时内收到接近 9 万份简历，共 1368 位应聘者获得了面试邀请。12 月 21 日，该招聘节的线下场在国家会议中心举办，为需求更加强烈的企业和人才提供面对面交流的机会。

提到线下招聘会，多数人的印象是排着长队的求职者、疲惫不堪的人力资源，在赶场般的招聘会过后是大量被丢弃的简历，很多求职者和企业都一无所获。在互联网招聘成为卖方市场的今天，这种方式显然已经过时了。国内互联网招聘公司曾经在 O2O 上小有尝试，但大多未能触及这个行业的痛点：巨头尚停留在提供媒体服务、解决信息不对称问题的层面上，小而美的垂直企业则紧盯利润丰厚的中高端招聘。一场能惠及绝大多数创业企业和求

职者的招聘O2O迫在眉睫。

黑马创交会招聘O2O致力于颠覆传统模式的招聘会，改善招聘双方用户体验、提高招聘求职效率。这到底是怎么做的？

第一，线上为线下导流、预热。"双十二"当天的在线招聘传播力极强，搅动了整个互联网圈，因此线下招聘会的求职者和企业展位名额很快被一抢而空。由于是从线上导流而来，线下招聘会的参与者均是强需求，意向更为明确，成交率也相对较高。

第二，人力资源总监和创始人坐镇，求贤若渴。通常情况下，到招聘会现场的多是公司人力资源部门的基层员工起着初筛简历的作用。而本次招聘到场的大多是有拍板决定权的人力资源总监或创始人，他们慧眼识人、虎视眈眈，不放过任何一块发光的金子。

第三，人才匹配高效、准确。与传统招聘会的混乱低效不同，这次招聘会对参与的求职者和企业进行了标签化管理。应聘者可以选择标有个人特征和岗位的标签贴在身上，增加辨识度。如一位应聘者贴在身上的标签是："暖男""销售"。同样，人力资源总监和创始人也贴着注有用人需求和企业优势的标签，他们改变以往"等求职者上门"的状态，主动寻觅人才。现场虽然人山人海，但秩序井然，双方各得其所。

第四，提升人才供需双方的用户体验。与线上的大规模、无限量相比，这次线下招聘对双方数量进行了严格控制。除了企业需要提前报名，求职者也要在线报名，收到短信通知后方可入场。主办方表示，他们希望每一位企业都能得到与沟通的求职者机会，也希望企业认真谨慎对待每一位求职者。会场还为应聘者准备了舒适的座椅，为双方对等、充分沟通提供了条件。

作为一项专业性极强的服务，招聘行业的O2O化虽然相对慢热，但前景看好。理由很简单：创业人才供不应求，单一的线上或线下手段都无法快速、准确对接用人需求，O2O模式才是提高效率的不二法门。

实体企业人员分流下的零工经济

无人酒店、无人零售等实体企业的人员分流到服务行业及物流，对于零工经济的形成和发展的作用不可小觑。实体企业人员的分流，实际上创造了新的经济机遇，助推了零工经济。2017年作为中国经济转型的关键年，其经济结构调整波及的工作，在地区、数量和行业上比以往都要广泛。很多曾经高速发展行业中的一些岗位可能会永远消失，而新的高薪岗位的技术门槛要高得多，一些白领将不得不从事低技能服务业岗位的工作。这种过去几十年在中国完全不可能发生的事情将密集出现。这是大挑战，也是大机遇。

☞经济转型=很多人换工作

从传统的工业化发展历史来看，中国正在完成从工业化中期向工业化后期的转型。当人们第一次见到特斯拉汽车生产间的时候是羡慕的、惊叹的。

无人值班、干净整洁的自动化车间、24 小时不间断的工作，代替了不知道多少人类劳动力，零下 50 多摄氏度的速冻对流水线上的机器人来说不成问题，但在秦皇岛某食品生产厂的速冻饺子生产线中其实已经完成了超越。一条干净整洁的流水线，和面、放馅儿再捏水饺，气动抓手连最柔软的饺子也可以轻松搞定，分拣机器人抓手带吸盘不会对包装有任何损伤，码垛机器人可以重复长久的动作，计件、塑封一键完成，全程机器参与，比人工操作的食品安全保障更高。

不仅食品，经济主战场从矿业、房地产、冶炼基础设施建设等重工业向服务、消费、金融、高科技领域转型。同时，由于综合成本的不断上升，部分劳动密集型制造业正在撤出中国转向更贴近市场、更低成本的国家。双重变化叠加在一起，会有大量劳动者失去原来的工作岗位。被各种因素取代的工人该何去何从一度是人文学、社会学上的热点问题，但这类型的工人实际上是零工经济最好的主力军，就像马云之前说的铁路虽然夺去了很多挑夫的工作，但是至少创造了 200 多万的铁路工人的岗位，低端烦琐的工作被取代的同时也会有更多自由化、人性化的工作岗位被创造出来。

与其他主要发达国家工业化路径不同的是，传统的转型相叠加和互联网带来的新经济，给中国的经济转型带来了更多的有利条件，但也让身处这种转型中的每一个个体可能面临更加复杂、更加剧烈的变化。

并不是每一个人都能适应这种变化，一些人会在新的工作岗位上获得更高的收入和更好的成就感，而另一些人则由此跌落到更低的社会阶层，从而在某种意义上成为"失败者"。

过去几十年在中国完全不可能发生的事情将密集出现。本次经济转型有这样几个趋势：

一是大量的制造业企业、工矿的蓝领工人将转型到服务行业，工厂员工转型为快递小哥就是典型代表。这种情况涉及的人群最多，整体年纪比较轻，丢工作对他们来说是好事，经过短暂的适应之后，他们获得的是比原来的劳动强度更低、赚钱更多、福利和保障更高的职业。

二是大量的个体户和小企业主将退出经营，成为食利者或半就业者，一些人成为自雇体力劳动者，比如开网约车。这类群体大多有较为丰厚的家底，一般来说年纪较大，面对这种变化虽然有一定心理失落，但稍加调整便可提前进入退休状态。

三是不少在过剩产业中就业的白领阶层将转向服务领域的蓝领工作。心理上产生的冲击最大，他们大多正处在上有老下有小的中年阶段，日常开销很大。丢工作对他们来说是晴天霹雳，对于白领，尤其是大龄资深白领来说，被解雇的时候可能是他一生中最灰暗的一天。

在美国20世纪80年代开始的那次产业结构调整中，很多中产阶级失去了原来的白领工作，从金融业、制造业、传媒业、房地产业等高薪工作转向餐饮、零售、旅游等低薪蓝领工作。所有人在失去原来工作的时候，都以为这一次只不过和以前的历次跳槽一样，只是从这家公司跳到同行业的另一家公司，说不定还会升职加薪。

《纽约时报》对美国劳工部的统计分析表明，从 1979~1995 年美国有超过 4300 万个工作岗位被撤销。消失的岗位越来越多的是那些白领员工丢掉的，其中许多人是为大公司服务的，而且处于他们职业生涯的巅峰期。其中虽然有更多的岗位被创造出来。一项民意调查，自 1980 年以来，有 3/4 的家庭中接触过裁员，有 1/3 的家庭中有成员丢掉过工作。

与以前的情况相反，那些至少具有大学教育程度的员工构成了被裁员工的主体，其数字超过了至多只有高中文凭的员工。而且薪水较高的员工丢掉饭碗的比例是 20 世纪 80 年代的两倍。其痛苦之处在于，以前绝大多数被裁员工都能找到薪水同他们原来工作差不多的岗位，而后来仅有 35% 的被裁职员找到了同等报酬或者薪水更高的工作。

在过去的历次经济周期中，中国人才总体处于供不应求的状态，各行业从事管理、技术、销售等岗位的白领们即使有短暂的失业也几乎都会很快在自己拿手的领域中重新找到就业或创业的机会。

从白领进入蓝领，这种在过去几十年中国完全不可能发生的事情将密集出现，这种变化，对当事人是相当残酷的。因此未雨绸缪，要么让自己在调整中屹立不倒，要么让自己尽早地进行技能和知识的储备以便能够平滑转型，这是放在白领们面前的新要求。另外，利用自己的经验、年龄、人脉方面的优势进入创业通道也是一个可以考虑的选项。

中国正在进行的是又一次规模巨大的产业结构调整，只是此次经济结构调整所涉及的工作岗位、地区，无论从数量和行业上都要比上一次结构调整更加广泛。

☞分流人员未来的工作在"零工经济"

互联网应用在中国的后来居上，也让中国加入了"零工经济"的大潮。在经济转型中丢掉工作的人有了新的选择，现在他们有了更多自由工作的机会、获得更高收入，当然，也增加了更多的压力。

　　"零工经济"和"共享经济"有重合的地方，但又并不是完全重叠的，"零工经济"的畅想要比"共享经济"的概念都早得多。商业模式和互联网技术催生了新的商业环境，越来越多的全职职工将变成打零工。越来越多的大公司为了一些短期项目的开展，也更愿意雇用一些签约制的独立员工。这种"零工经济"会成为就业大主流吗？

　　从《摩登时代》乃至更早的时代开始，人们就痛恨工业社会的工作将人变成机器、组织和工资的奴隶。人们也一直在试图探索新的组织模式和工作方式，让工作能够以人为本。早在 20 世纪 70 年代，具有非凡想象力的管理大师查尔斯·汉迪就在他的著作《未来的工作》一书中描述出了他想象出的变革方向与组织。查尔斯·汉迪预言，在未来会出现三类新的组织类型：

　　第一类是一种以重要管理人员为核心建立起来的组织形式，其外围是公司外的兼职人员和承包商，取名为"三叶草组织"。汉迪当时想象以这种组织形式组建的未来公司将主要出现在类似于现在的咨询公司、设计公司、广告公司等领域中。互联网带来的便捷沟通方式，只是让那些原本就适合于

"自雇"就业的就业领域实现了去组织化。

第二类组织方式是联邦式结构，中心部门只考虑长期战略问题，单位和部门在保持共同团结的前提下各自独立。第二种组织实际上已经成为目前很多大企业的常用组织方式，在一些企业中被称为事业部制。但这种变革对于员工的工作方式没有任何变化和影响。

第三类组织类型将是"3I"型组织，"3I"指信息（Information）、想法（Ideas）和智慧（Intelligence），在这种新的组织核心中，每个人都必须担负起经理的职责，同时，谁也不能仅仅做个经理。核心的人数越少，需要成员承担更多责任，越需要灵活性。每个人不单要有某一方面的专长，还要尽快担负起财务、项目或人事的职责，甚至要三者兼具。换句话说，这是管理任务。将来组织核心中的每个人都应该是管理者，不仅会管理，还要有多项能力。张瑞敏在海尔尝试的实际上就是这种组织方式，但能否成功，是否变为未来的趋势现在下结论还为时尚早。

查尔斯·汉迪不可能预见到如今互联网全面普及对人们工作方式的改变，但他的预测从大趋势上是对的——越来越多的人在去科层化、中心化的体系中工作。由于互联网的普及，这种体系不再是一种典型意义上的组织，而是某个 APP、某个网站、某个公众号。

因此，白领们如果没有能力在大公司里保住自己的高薪饭碗，又不甘心掉入到蓝领阶层，那么必须抓紧时间做两件事：一是尽可能地提高自己的专业影响力和专业能力，二是快速熟悉互联网工具的使用。

非全日制工作的就业形式

非全日制工作是自由职业者的一种灵活就业形式。从企业的角度来说，企业非全日制用工是以小时计酬的。从企业用和自由职业者工两方面来看，"非全日制"都促成了零工经济的出现。

☞什么是灵活就业人员

灵活就业人员是指以非全日制、临时性和弹性工作等灵活形式就业的人员。这包括在用人单位与各级档案寄存机构寄存档案的解除或终止劳动关系的失业人员、自谋职业人员、辞职人员，档案寄存期间经劳动人事部门批准退休人员，已办理就业失业登记的未就业人员，从事个体劳动的人员、个体经济组织业主及其从业人员。如在社区内从事家政服务、自行车修理、配钥匙、修鞋、再生资源回收、服装织补、早点、学生小饭桌等其他社区服务性工作的人员。

灵活就业人员与自由职业者其实是完全不同的两个概念。在中国灵活就业人员是指以灵活形式就业的人员，其就业形式主要是指临时性、非全日制、季节性和弹性工作性。而自由职业者则是不与雇主做长期工作承诺的从事某种职业的人。两者相比而言，灵活就业人员比自由职业者的范围要宽泛得多，甚至从某种程度上说自由职业者可以看作是灵活就业人员的一个组成部分。

从"灵活就业人员"这个词组的文字概念入手分析，我们需要着重理解的是"灵活就业"这四个字。所谓就业，就是有工作、有收入，有承担个人及家庭生活开销的能力；所谓"灵活"，主要是指在劳动时间、劳动报酬、工作场所、劳动关系及社保福利等方面的灵活多变，与传统的主流就业方式有所区别。在我们的生活中，如家政服务、社会便民服务人员、企事业单位后勤服务的临时劳动人员都是灵活就业的典型，其特点为在非正规部门就业，劳动工时、劳动工资和福利待遇达不到一般企业的标准和形式。

当今社会对灵活就业人员的分类组成存在不同的看法，主流的人认为灵活就业人员可以分成三个部分：第一部分是自营劳动者，即是以自己的身份从事灵活自由的工作，如作家、文字工作者、自我雇佣者。第二部分是家庭的帮工，即那些帮助家庭成员从事生产活动的人员，可以是家庭主妇也可以是家政服务人员。第三部分则是除前两部分以外的其他灵活就业人员，主要是指非季节工、全时工、劳务承包工、家庭小时工、劳务派遣工等一般劳动者。总体而言，灵活就业人员是社会就业大家庭中不可缺失的一个群体，他们的工作灵活性是许多固定工作者所羡慕的。当然，这种灵活性会在一定程度上影响他们工作薪酬，这主要还是取决于个人能力。

☞非全日制工作就业形式

非全日制就业是指工作时间少于全日制劳动，劳动者可与多个雇主建立劳动关系的一种就业形式。国际劳工组织对非全日制就业的定义为：非全日制就业是指其正常工作时间少于全日制工作时数的就业。欧盟对非全日制就业的注释则很有概括性，即非全日制就业是指集体合同规定的、少于法定或惯例工作时间的就业。由于各国法定周工作时间不一样，因此对非全日制就业的界定略有差异。

非全日制工作是独立于单位之外的就业形式，包括三种形式：一是自雇型就业，包括个体经营和合伙经营两种类型；二是自主就业，如自由职业者，自由撰稿人、歌手、律师、模特、中介服务工作者等；三是临时就业，如家庭小时工、街头小贩、其他类型的打零工者。

接下来，我们来探讨一下全日制用工与非全日制用工的主要区别，以及非全日制就业工资标准问题。

对于企业用工，我国《劳动合同法》确立了三种合法的用工形式，即全日制用工、劳务派遣用工和非全日制用工。《劳动合同法》第六十八条的规定：非全日制用工是指以小时计酬为主，劳动者在同一用人单位一般平均每日工作时间不超过四小时，每周工作时间累计不超过二十四小时的用工形式。

作为一种灵活的用工形式，非全日制用工与全日制用工的区别主要有以下几个方面：

第一，工作时间不同。标准的全日制用工实行每天工作不超过八小时，每周不超过四十小时的标准工时的工时制度。非全日制用工的工作时间一般为每天四小时，每周工作时间不超过二十四小时。非全日制用工在二十四小时的总的工作时间内，具体工作安排由用人单位自主决定，每周工作三天，可以每天工作八小时，也可以每天工作四小时，每周工作六天，还可以是其他的工作方式，体现了其灵活就业的特点。对于用人单位安排加班问题及劳动者工作超过工时限制如何处理《劳动合同法》没有明确规定，但根据目前的一些地方性规定看，对于超过工时限制的，视为全日制用工。如《北京市劳动和社会保障局关于北京市非全日制就业管理若干问题的通知》规定"劳动者在同一用人单位每日工作时间超过四小时的视为全日制从业人员"。

第二，非全日制用工可以订立口头协议。按照劳动合同法的规定，全日制用工，用人单位与劳动者应当订立书面劳动合同。而非全日制用工依照劳动合同法的规定，劳动者与用人单位可不以书面形式订立劳动合同，职工的劳动权利以及用人单位对职工的要求，可以口头约定。

第三，非全日制用工的劳动关系可以随时终止且无须支付经济补偿金。按照劳动合同法的规定，除一些特别情况外，全日制用工的劳动合同终止或解除的，用人单位须向劳动者支付经济补偿金，而非全日制用工则没有明确的规定。

第四，非全日制用工一般只缴纳工伤保险。

按目前有关法律法规的规定，全日制用工的用人单位必须缴纳各种社会保险费用。但是，作为非全日制用工，除工伤保险外的社会保险费，用人单位必须为其缴纳工伤保险，用人单位则不是必须为劳动者缴纳的。

第五，非全日制用工以小时计酬，结算支付周期最长不超过十五日。

按照劳动合同法和劳动法的规定，全日制用工应当按月以货币形式定时向劳动者支付工资。非全日制用工，用人单位也必须以货币形式向劳动者定时支付工资，但是，支付工资的周期比全日制用工短即至少每半月支付一次。

关于非全日制就业的工资标准问题，按照有关规定，用人单位应当按时足额支付非全日制劳动者的工资。目前，我国非全日制就业人员主要是劳动报酬按小时计算的小时工。用人单位支付非全日制劳动者的小时工资不得低于当地政府颁布的小时最低工资标准。自2001年以来，北京、深圳、天津、上海、江苏、青岛等地陆续颁发了小时最低工资标准。非全日制用工的小时最低工资标准由省、直辖市、自治区规定，并报社会保障部和劳动备案。

在制定非全日制就业的小时最低工资标准时，既综合考虑目前我国非全日制就业人员的职业不够稳定、福利待遇偏低、工作时间较短等因素，又要考虑个人需依法缴纳社会保险费等因素来合理确定，将其确定在比全日制用工形式下按标准工时折算的每小时最低工资标准高一定幅度的水平上。

确定和调整每小时最低工资标准应当综合参考以下因素：单位应缴纳的基本养老保险费和基本医疗保险费（当地政府颁布的月最低工资标准未包含个人缴纳社会保险费因素的，还应考虑个人应缴纳的社会保险费），当地政府颁布的月最低工资标准，非全日制劳动者在工作稳定性、劳动强度和劳动条件、福利等方面与全日制就业人员之间的差异。根据劳动和社会保障部通过并公布的《最低工资规定》，小时最低工资标准的测算方法为：小时最低工资标准＝〔（月最低工资标准÷20.92÷8）×（1+单位应当缴纳的基本养老保险费和基本医疗保险费比例之和）〕×（1+浮动系数）。

非全日制用工的工资支付可以按小时、日或周为单位结算，但是最长不得超过十五日。

☞推行非全日制就业的原因

从世界范围来看，推行非全日制就业有以下几方面的原因：

第一，西方国家较高层次的产业结构为非全日制就业方式提供了客观条件。发达国家第三产业在国民经济中比例较大，而且为社会生产服务的第三产业发展迅速。例如，大量的信息服务、金融以及咨询业等行业已成为发达国家第三产业的重要组成部分，这些行业大多需要较高素质的劳动力，具有弹性工作的特点，适宜采取非全日制工作方式。因此，非全日制就业方式在服务业中集中程度较高。例如，欧共体国家在1989年，非全日制就业占服务业就业总量已达17.5%。

第二，现代科技的生产管理体系和应用的现代化手段创造了日益增多的非全日制就业工作岗位。例如，生产过程的网络管理、家庭的网络办公方式以及产品的网上购买方式等均促进非全日制就业方式占有越来越大的比例。

第三，在非全日制就业模式下，企业能更灵活地配置劳动力。企业往往挑选效率更高、技术更熟练的雇员就业。为此，企业可以降低劳动力成本，提高产品的市场竞争能力，有利于实现利润最大化。

第四，现代生产手段创造了许多知识化、专业化的就业岗位。社会对劳动力需求由体力型转向智力型，这就为广大妇女特别为知识女性拓宽了就业

的道路。妇女劳动力参与率有提高的趋势。整个社会的愿意工作的劳动力总量增加。在就业岗位时期内一定的条件下，社会失业率就会提高。同时，一般女性需要比男性更多的非市场工作时间，如处理家务、照顾孩子等。因此，弹性工作时间和部分工作时间更吸引有家庭负担的妇女。非全日制就业这种方式从社会看可直接降低失业率，从个人看特别适宜于女性劳动力群体。考察西方发达国家非全日制就业方式的现状，女性是非全日制就业的主要群体已成为显著特征。非全日制女工的数目在日本的所有非全日制工人中所占比例要高达一半以上。1990 年，比利时和德国为 90%，美国和意大利为 65%，1995 年荷兰有 67.2% 的女性成为每周工作 10~20 小时的临时就业者。

☞政策解读：新就业形态之"新"

我国十八届五中全会公报和 2016 年政府工作报告中都提到"加强对灵活就业、新就业形态的支持"。这一政策性概念概括了新一轮技术革命所导致的工作模式、就业模式的巨大变化，也概括了中国劳动力市场，以及世界其他先进国家劳动力市场中出现的新趋势。

新就业形态之"新"，体现在新就业形态的概念内涵、影响及其表现等

几个方面。

　　"新就业形态"这一概念本质上可以从生产关系和生产力两个不同的角度加以理解。从生产力的角度理解，"新就业形态"描述了新一轮工业革命带动的生产资料智能化、数字化、信息化条件下，通过劳动者与生产资料互动，实现虚拟与实体生产体系灵活协作的工作模式。生产力角度的新就业形态的出现将导致就业总量、职业类型、就业结构技能内容等方面出现转型。从生产关系角度理解，新就业形态指伴随着互联网技术进步与大众消费升级出现的去雇主化的就业模式。这种就业模式呈现出关系灵活化、工作碎片化、工作安排去平台化、组织化的特征，显然这与传统就业形态中，由雇主组织生产、工作时间与工作场所相对固定的就业形态有较大差异。无论是生产关系角度、生产力角度还是新就业形态，对未来社会、组织形态、经济、社会治理等都会产生颠覆性的影响。这里所讨论的新就业形态，主要就是指从生产关系考虑的新就业形态，即伴随着互联网技术进步与大众消费升级出现的去雇主化的就业模式，以及偏离传统正规就业并借助信息技术升级的灵活就业模式。

　　目前，我国劳动力市场中新就业形态从业者的比重和规模不断上升，其主要表现为"四新"：一是就业领域新。新就业形态大量出现在小微创业企业，分享经济、电子商务、社群经济等新经济、新业态中。二是技术手段新。新就业形态依托互联网、移动通信技术的发展和大数据，极大地降低了就业服务的交易成本，提高了劳动者与消费者、企业的匹配效率，实现劳动供需快速对接，扩大了就业服务的时间和空间范围。三是组织方式新。新就业形态下劳动者与组织的关系更灵活、松散，许多劳动者个体不再作为"单位人"来就业，而是通过信息技术、各类平台或是与市场细分领域的连接，实现个人与工作机会的对接，去组织化特征明显。四是就业观念新。许多就业者不再追求"铁饭碗"式稳定的就业，而更愿意从事自主程度高与灵活性的工作。就业者兴趣爱好与创造对自我价值实现有更强的诉求，对组织的依赖感下降。

　　我国政府推动"大众创业、万众创新"和各类商事制度改革，不断激发市场创新活力，为新就业形态发展提供了制度保障。现在市场上已经出现了类型丰富、形式各异的新就业形态，概括起来，主要有以下几个类别：一是创业式就业者。创业式就业指个人通过自找项目、自主经营、自筹资金、自担风险的方式实现就业，主要包括电商平台就业和创新式就业两种类型。二是自由职业者。根据工作机会来源的不同可以分为三种。第一种是依托某个专业领域、细分市场的自由职业者。第二种是依托分享经济平台的自由职业者。第三种是依托社群经济的自由职业者，即在依兴趣、职业等组成的交流分享圈子中，利用社群成员的分享与信任来获得收益的就业模式。三是依托互联网或是市场化资源的多重职业者。多重职业者指非单一职业就业人员，包括兼职者和"斜杠青年"（拥有多重职业和身份的多元生活的人群）。四是部分他雇型就业中出现了新变化，一种为由网络线上业务衍生出大规模发展的劳务型岗位，如外卖平台的送餐员，另一种为企业边界资源共享化、虚拟化趋势日益明显下，部分企业将岗位进行外包，原有人员的劳动关系转换为劳务关系或是经济合同关系。

可以看出，新就业形态呈现出传统灵活就业与正规就业不同的特点，并对现有经济主体行为以及经济社会运行产生了巨大的影响。第一，新就业形态发展创造了更多的工作岗位。随着新业态的发展，大量新形态、新内容的工作岗位被创造出来，比如国内电商平台发展直接带动和衍生出来的各类新就业岗位，其中大部分岗位都属于新就业形态的范围。第二，新就业形态发展增加了弱势群体的就业机会。中国就业促进会的报告认为，网络就业创业具有公平性、灵活性等特点。就业方式灵活，就业弹性大、创业成本小门槛低、范围广、不受城乡地域限制，妇女、青年、残疾人等弱势群体皆可创业就业。第三，新就业形态的发展可以帮助破除阶层固化，促进社会阶层流动。新就业形态者可以从比较低收入、低技能、低社会保护的传统非正规就业中解脱出来，为这类劳动者提供了更丰富的选择。第四，新就业形态有利于激发劳动者技能发展。电商平台、分享经济平台本质上也会使使用者能够更好地利用信息技术获利的工具。第五，新就业形态发展创造了非正规就业正规化的机会。分享经济平台上可以帮助诸如送货、家政、"黑车"等非正规就业转变为更为正规的经济部门。

"大众创业"催生"零工经济"

"大众创业"这个词在 2015 年出现的频率特别高，至今仍然保持着。这是因为在经济没有足够的力量负担这么多的劳动力时，创业似乎变成了唯一出路。

☞ "大众创业"时代下的零工经济

零工经济现象正变得越来越普遍，正如美国科技新闻评论网 Wired 网站所说："零工经济是互联网驱动劳动力领域的'领头羊'。"对于这类劳动力，我们比较熟悉的有嘀嘀司机、Uber 司机，此外还有很多公司推出了类似的这类软件，利用互联网缓解无处安放的劳动力。

以前，朝九晚五、按时上下班的"铁饭碗"，令多少被动就业者羡慕不已，进而把大好年华付诸职业阶梯的攀爬中；时至今日，我的地盘我做主的"泥饭碗"，让多少自主创业者心头一热，进而在梦想变成现实的小径上奋力前行。于是乎，"零工经济"风生水起了。

"零工经济"风乍起，吹皱"大众创业"一池春水。把握"零工经济"生发的创业机遇，以及"大众创业"带来的利好政策，唯有劳动、劳动、再劳动。19 世纪俄国教育家乌申斯基有言：如果你能成功地选择劳动，并把自己的全部精神灌注到它里面去，那么幸福本身就会找到你。

那么，如何把握"零工经济"生发的创业机遇？接下来将要讨论的创新型养老院和微商，就是可以考虑的路径和方式。

☞ 零工经济下自由职业者的微商创业之路

微商作为职业已渗透进了自由职业者的生活，越来越多的人通过互联网

平台扭转了单一固有的工作模式。"微商"的呈现便是自由职业者的最好表现，通过一部手机便能用资源带来收入，这也使自由职业成为具有幸福感的职业。来看下面的案例。

【案例】

"90后"姑娘小A是某传媒学院戏剧影视文学（主持人艺术）班的学生，爱笑爱闹爱美丽，从刚进学校那会儿起，艺术团、歌唱赛，哪儿都少不了小A活跃的身影。2014年7月，还在享受暑期惬意的小A，萌生了开微店的想法。

创店之初，小A勤恳地操持各种事务，从衣服款式的选择，到联系服装厂家，事无巨细一人包圆。随着微店越做越好，小A有了自己"私人定制"的服装标识、代加工的服装厂，"咖喱家"平均月收入过万，还有位朋友从开始的帮忙打理微店到成为"咖喱家"的客服，再到帮小A一起悉心经营……小小微店的成长让人心生欢喜。

小A的经营不同于传统微商，她从来不做朋友圈的生意，虽然她开店之后朋友都很支持，但是她只是送衣服给朋友，从来不收钱，真正的生意全部来自陌生人。因为小A认为，不管衣服质量好与坏，如果做朋友圈生意，时间长了，朋友之间的感情就变了味。而这些朋友也很感激小 A，于是非常卖命地帮助她转微信、微博，慢慢地她借助朋友的力量打开了市场。

小 A 没有代理微信圈里的其他品牌服装，而是自己设计 LOGO，自己寻找加工厂，打造属于自己的品牌服装。她微店的 LOGO 是用手机上的软件一点点设计出来的，都是她自己的想法。她觉着哪些个组合好看了，就截图保存起来，再去找服装工厂专门做吊牌。代加工的工厂是她先在网上过滤信息，找一家看中的，再去实地考察。

至于设计的服饰，小 A 平时逛街的时候都会留心当季流行，会自己买些私服，再进行一些改变。逛街的时候她遇见喜欢的也会拍拍照片问问朋友意见，然后试穿。有需求才有市场，因此小 A 会照顾到客户的心理需求。身边有些家人、朋友也有做服装的，在微店服装的选择上，也会给她一些专业性的意见。

如今，小 A 经营的小店已经月入过万元。随着微店生意越来越好，她也越来越忙，小 A 就请人帮着打理微店，做客服，小 A 每个月给他们付工资。

微商是零工经济的体现，是自由职业者创业的重要途径，通过自建商城、在线互动营销、提供客户粉丝经营、商品销售、线上线下打通等体系化服务，能够轻松帮助自由职业者打造专属于自己的平台。

☞创新型养老院将成零工经济风口

比起温馨的家庭，喧闹的学校和外面缤纷多彩的大千世界，养老院无疑是一个被孤立的、沉默的角落。这里的老人们和外面的世界隔绝，远离自己的亲人，在寂寞中度过晚年生活。这方面可借鉴的例子是美国和荷兰的创新型养老院的做法。

【案例】

荷兰一家叫 Humanitashome 的养老院，为这些孤独的老人们，想出了一个特别的办法。近几年来，荷兰的房价不停地上涨，租金越来越贵，年轻人只能望洋兴叹。如今，荷兰每个大学生平均每月要承担的租金超过 400 美元，这实在是一笔不小的负担。结合这种情况，这家养老院决定把院里多余的房间，完全免费地租给当地大学生。大学生们需要做的就是要付出自己的时间，他们每个月至少要花 30 小时陪伴这里的老人们。也就相当于每天花 1 小时。这段时间里，学生们可以带老人们出去散步、一起看电视、教他们用电脑，让他们用罐装颜料在纸板上喷涂，认识什么是涂鸦艺术……

20 岁的于里恩，经常给一名 85 岁的老人上电脑课，这位老人高兴地说："现在我可以看视频、发电邮、浏览互联网，还能上 facebook 聊天。"

22 岁的新闻系学生丹尼斯说："不仅是不用付房租，想想学生宿舍房间太小、太脏和太贵，我也喜欢跟老人一道工作，这真是不错的选择。"

大学生们只需要付出一点点时间和一点点耐心，就像对待自己的爷爷奶奶那样，可以带他们一起赶时髦，分享好听的音乐，给他们讲个笑话，或者听他们发发牢骚，也可以让他们讲讲自己过去的故事。其实老人要的并不多，

他们真正需要的是倾听和陪伴。一个叫 Patrick 的 27 岁的男学生和 89 岁的老人成为无话不说的好朋友。Patrick 感慨道："开始的时候我只是打算看能不能帮点什么忙，但后来相处下来，我发现这种情感比我们想象的还要深厚。"这种"代代沟通"的模式，受到了大家的欢迎。随着年轻人的入住，老人们脸上的笑容越来越多。

住在这里的年轻人，还要面对一件事，那就是死亡。死亡在养老院里是很常见的，年轻学生们到了这里才感觉到，原来死亡离自己这么的近。他们现在正是挥霍青春、做事冲动、对未来充满憧憬的年纪，而老人们的离去，让他们明白了生命的短暂和脆弱，教会了他们要珍惜当下的生活，有意义地过好未来的每一天。

年轻人入住养老院，为老人的余生带去了乐趣。他们青春、富有活力，一句话、一个笑容就可以轻松驱赶老人的孤独和压抑。而年轻人通过和老人的相处，获得了生活经验和智慧，明白了生命的可贵。

我们再看看另一种模式。

美国西雅图的一个组织，将养老院和幼儿园开在了一起，两者碰撞出了奇妙的化学反应。养老院加幼儿园，组成了"代际学习中心"。顾名思义，就是跨代交流学习的中心。中心每个星期向孩子们开放五天，孩子们可以选择半日制、全日制或每周两三天。孩子们走进养老院后，给老人们的生活带来了翻天覆地的变化，这一个个小天使，为他们枯燥、孤独的晚年生活带去了新的乐趣。孩子们在"代际学习中心"里，会跟老人们一起吃饭，还会一起做活动，如跳舞、唱歌、画画、做饭、做游戏……

布里格斯是当地人，她说："孩子们进入养老院前，感觉老人们只有半条命，有的老人就是睡了吃、吃了睡，毫无生机可言，这是一个让人沮丧的场景；当孩子们走进养老院，开始跟老人一起唱歌、画画或给流浪汉做三明治，又或者进行其他活动时，老人们神采飞扬、活了过来。"

老爷爷、老奶奶将无私的爱，全都倾注到了这些可爱的孩子们身上。他们组成了一个快乐的大家庭，其乐融融。"合理搭配"后的结果，看着他们一起玩耍的画面，会觉得心里非常温暖。其实父母们一开始把孩子送到这家特别的幼儿园，是奔着这家幼儿园优秀的师资团队去的。一年多后，很多父母发现，自己的小孩跟老人相处后，收获实在太大了！这种模式让孩子们学会了许多在普通幼儿园里无法学到的东西。

美国有线电视新闻网曾报道："代际学习中心"一方面让老人重新发现并肯定了自我价值，他们在跟孩子接触中也获得了更多欢笑和乐趣；另一方面，孩童比之前更能接受残障老人了，更清楚地懂得人的衰老过程，从老人那里收获了无条件付出的爱，还意识到"大人有时也是需要帮助的"。

2016年6月，"代际学习中心"出了一个五分钟纪录片——《现在完成时》，是由好莱坞电影制作人、西雅图大学兼职女教授埃文·布里格斯自掏腰包，在2012~2013学年独自跟踪拍摄。随后，她发起众筹，希望获得把纪录片素材重新剪辑制作成电影的经费，15天内众筹到10万多美元。纪录片为什么取名叫《现在完成时》？布里格斯解释道："主角是两类人：一类是幼童，他们几乎没有什么经历，但拥有无限、美好的未来；另一类是老人，他们的阅历丰富，但夕阳无限好只是近黄昏。这部纪录片就是讲述这两类人为数不多的人生重叠时间。当然，这部片子也直指'当下'——这是很多成年人正努力挣扎、无法把握的时刻。"

纪录片里，有许多温暖动人的画面。一位坐着轮椅的老人，想帮一个孩子解开外套，一番努力后，她只好放弃了。并温柔地感叹了一句："我现在连这个都做不来了。"还有一次，老人们和孩子们，一起为流浪汉做三明治，虽然动作缓慢，却真诚无比。布里格斯说："你可以告诉孩子，一起做这个是因为大家需要互相帮助。"还有一个叫马科斯的小男孩，遇到了一位叫约翰的老人。约翰不断地问这个孩子："你叫什么名字？"上了岁数的他，记忆力衰退耳朵不是特别地灵，他一直重复确认小男孩的名字，而每当老人说错的时候，马科斯一遍遍地纠正老人的错误没有生气，只是耐心地告诉他，自己叫"马科斯"。其实，约翰询问的次数比纪录片里的还要多，但是每次小男孩都能耐心地、一遍一遍地重复自己的名字。有温暖的画面，也有令人心痛的画面。

纪录片《现在完成时》

纪录片拍摄过程中，有两位老人离世了。布里格斯将"死亡"一起拍进了片子里，她说："我不想刻意美化死亡，它就是当时发生的真实画面，我们都需要懂得发生了什么，以及如何真正去面对。"而孩子们也懂得了，人终会有衰老的一天，父母也正在渐渐地老去，死亡是人生必经的一环。变老并不可怕，重要的是要以一颗纯真的心坦然面对。他们虽然相差几十岁，却是最亲近的朋友。他们虽然没有血缘关系，却是最亲密的家人。在这里，世界仿佛回到了最美好、最纯真的样子。孩子们每天放学回家的时候，老人们就像送别自己的孙子孙女似的，挥着手、眼里满是慈爱，依依不舍地告别。

布里格斯说："老人拥有丰富的经验和生活智慧，如果不能好好地加以利用，将是社会的一大损失。而把养老院和幼儿园开在一起，是一个让老人再次融入社会的伟大案例。"

可我的眼睛热泪盈眶

《美国医学会杂志》曾刊登一篇文章，研究者为了观察孤独症对60岁以上老人的影响，对4.5万人先后进行了长达10年的研究。结果显示，孤独的老人在完成日常活动，如洗澡和穿衣服、上肢活动、走路、爬梯子时存在困难，患高血压、心脏病、糖尿病、抑郁症的概率高，死亡率也更高。孤独症还会影响人的免疫系统。美国加利福尼亚大学洛杉矶分校、戴维斯分校以及芝加哥大学的一项研究也发现，孤独症会导致白细胞等单核细胞出现异常，使人体抵制外界感染的能力下降。美国芝加哥大学心理学教授约翰·卡西波建议，孤独老人要积极参加家庭聚会、多和朋友相处，摆脱恶性循环。而将养老院和幼儿园开在一起的模式，治愈了老人的孤独感。这种模式越来越受欢迎，至2015年，全美已有大约500个养老院和幼儿园联办场所。

当"过去时"遇上"现在时"，当"人生的最后阶段"遇上"人生的开始阶段"，他们互相懂得了分享和给予，老少同乐，各有收获。这两种新的养老模式，非常值得我们借鉴和学习。

在当下的中国，零工经济正掀起灵活雇佣的新时代。2016~2017年全国的经济论坛、用工模式转型探索、人力资源发展论坛等峰会、论坛无不把灵活雇佣作为热点来讨论。荷兰和美国的创新型养老院模式有望成为中国"双创"背景下零工经济的下一个风口。

零工经济和区块链技术

2008年，由中本聪第一次提出了区块链概念，短短十年时间，区块链技术已经在未来的商业架构中占据非常重要的地位，甚至从单一金融领域延伸到更多的行业和领域，其影响力甚至超越1995年eBay初创之时——当时所有人在谈论互联网将如何改变我们的生活。区块链在零工经济领域的价值和影响重大，本书将从区块链技术的跨行业应用研究，到区块链技术如何促进了零工经济的成熟与完善进行分析探索。

我们知道区块链系统由数据层、网络层、共识层、激励层、合约层和应用层组成，在智能合约、证券交易、电子商务、物联网、社交通信、文件存储、存在性证明、身份验证等领域有着广泛的应用价值，而智能合约对于零工经济模式而言，将起到极其重要的作用。

目前已知的区块链的进化方式是：区块链 1.0 时代，主要是以数字货币形式存在，下一步将进入区块链 2.0 时代，即数字资产与智能合约，而在不远的未来，区块链 3.0 的出现，将是以 DAO、DAC（区块链自治组织、区块链自治公司）及其区块链大社会（科学，医疗，教育 ETC，区块链+人工智能）而存在，也许它将是未来物联网智能时代的基础级核心底层应用。区块链技术是互联网底层多种技术的集合体，包括 P2P 通信协议、分布式存储数据库技术、加密算法、共识算法等技术，通过这些技术的整合创造了一种按时间序列、按区块记录数据的模式。所有数据在所有节点备份的数据库结构，达到去中心化、点对点传输、透明、可追踪、不可篡改、数据安全及信用的自我建立的功能。"区块链本质是构建一个人人参与的、多中心的信用体系，并在此信用体系之上，实现可信任的数据共享。"区块链技术的特点是所有的网络参与者参与审核，审核人身份不可抵赖；以大家达成共识的方式见证、封存交易记录；封存的交易记录按时间排列，分布式地存储共享，不可篡改。

那么，该如何理解区块链和零工经济的关系呢？这需要从社会发展和科技发展角度来诠释，我们的爷爷奶奶辈，在一生中可能只从事一到两份工作。到了父母辈一生中可能会有几次以上的工作变动机会，而在今天，基于移动互联网线上平台化的运作机制，我们一个人可能会有五六份工作，甚至于，运用区块链技术，我们可以同时处理五六份工作。这些收入中的一半甚至更多很可能是某种加密 UBI（普遍基本收入）。我们还将看到人工智能匹配工作服务平台的兴起，或者金融结算与消费交换交易也可以同步完成，我们不再需要职业介绍平台，不再需要传统复杂的教条式劳动合同、劳务契约、信用评估，不用再担心我们的付出被无理由拖延和克扣，在区块链的技术规则下，机器会自动知道你的能力和技能，并为你匹配工作，这样你就不用找工作，甚至不用担心收益与回报。对于零工经济而言，区块链交易和智能合同的结合，使得创建自由职业和资源共享平台成为可能，雇主可以在这里找到并雇用员工，并在不需要中间人的情况下对他们进行补偿。

这里，我们可以重点研究区块链领域的智能合约，智能合约是基于这些可信的不可篡改的数据，可以自动化地执行一些预先定义好的规则和条款，运用到零工经济领域，如果说每个任务发布者和任务响应者的信息（包括劳务和服务需求和劳务供给的信息）都是真实可信的，那就很容易在一些培训、律师、家政、电商、视频主播、文创设计、建筑装修、保险服务等零工经济领域中，进行自动化的业务对接和金融结算。2018年年初，工信部等多个部委及国内外多家行业巨头组建专门团队或实验室积极推进区块链技术及其应用的研究。据人力资源和社会保障部统计，目前，我国养老保险覆盖率已超过90%，但由于我国人口基数大，还有约一亿人尚未纳入社保体系。这一亿人主要是灵活就业人员、新业态就业人员和中小企业人员，特别是以农民工为主体的从业人员。这些人中包括文创产业从业者、网红主播、网店店主、专车司机、咨询顾问，他们承接协定、教育及其他兼职工作、临时工作，通过自由职业网站平台找订单式零工。灵活就业者和城市基础建设与服务类工作的劳动力（农民工、物流送货员、移动小贩、背包客旅游者、保险业从业者等）城市迁徙者。未来的众多商业模式极有可能逐渐向"线上平台—个人"的交易模式转变，工人们没有固定的雇主，而是按小时计算打的形式零工，可能一天内服务好几家雇主；白领可以利用休息日，帮助行业内新手讲授相关行业业务技巧与相关案例并获得报酬。而区块链技术的兴起及其规则对合作临时契约的各种诚信与支付保障还会催生更多的自由职业者，可以预见，不久的将来，企业可能会消失，只剩下拥有资源和需求的人，以及基于区块链技术的各种共享服务平台，在平台上，用户可以查找、订购、支付和评论服务提供商。

这些线上平台允许用户购买自由职业者的服务，并且这种"平台—个人"的交易模式使得对接更加快捷、报酬计算更加精细。但这些平台现有模式也有硬伤，即透明度和社会互动。不论是对线上或是个人来说，这两大商业支柱反映了销售中最重要的问题，那就是信任。由于平台成熟度还不高，很多集中式平台缺乏透明度。没有可靠方式明确"匿名"用户究竟是谁，并且也没有便捷的方式去识别之前的交易。这导致线上市场欺诈行为越来越多。区块链让分散的劳动力网络更透明、安全区块链技术就可以解决传统线上中介平台的"硬伤"，因为它的本质是"去中心化"。

基于这一技术和原理，它同样将颠覆我们现有的商业组织规则，甚至我们也不再需要超大型公司的集中化生产、办公和销售模式，基于区块链技术的去中心化工作模式即将改变我们的生活。比如一个软件开发项目需要完成大量的代码，而软件项目变得越来越复杂，要求越来越高，而且在继续增长。基于人工智能的成熟，将由智能机器人编写和测试其中的一半，但代码工程师还是必须要编写另一半。这个项目将会被输入一个分布式的、去中心化的区块链系统，它可以将工作分成多个部分，并对其进行分析，像项目经理一样，基于区块链技术对于全球编程人员的技术和社会信用数据、劳务费用的性价比，这些工作将自动匹配给世界范围内最适合的编程人员。

同样，无论一个普通消费类电子产品或者是一架大型喷气式客机，也可以是基于以上区块链技术原理进行全球化分工，最后形成去公司化的自组织模式制造和开发各种工业产品，最大程度提升劳动效率，降低各种传统制造业的生产与销售成本，同时也降低商业风险。

例如，在服务业领域，如果我们想要雇用一位推拿师或是一位保姆，基于区块链技术的服务平台将会形成用于保护买家与卖家的完全值得信赖的完整体系。合约的编写和确定是经过双方协商同意的，并且报酬是即时且有保障的——服务资金交由第三方保管（如金钱、财产，或是被扣押在第三方的债券），直至完成任务并满足指定条件后，服务购买者的资金直接释放，发给卖家/自由职业者，由此消除信任问题及欺诈。因为区块链平台的出现，实现了 P2P 直接交互，让买家与卖家能够在仍然具有安全性和透明度的社交环境中进行商业活动。中间商被淘汰，另一端的"匿名"用户也不再是陌生人，而是有着完整清晰信用数据的透明化系统，让交易和服务对于双方都更具保障。被 IBM 看好的区块链公司 CoinPip 旨在用区块链安全地简化付款流程，跟踪资金并通知发件人发送收据。通过 CoinPip 企业将有效降低跨境支付费用，并可以在 48 小时内完成国际支付。零工经济的从业者因此再也不会被全球各地的雇主拖欠工钱了。

为了提高人力资源效率，公司往往拥有庞大的总部和复杂的行政与业务管理系统。而未来，随着互联网移动设备的发展，"零工经济"的就业门槛会继续降低，最后只剩下拥有资源和需求的人，一些从事线上线下服务运作的公司在这方面已经有了一些有益的尝试。

国外有一家专注于短期招聘的初创企业，它正在使用区块链技术来革新和颠覆短期招聘行业，包括电子商务、直播、清洁、仓储、工业、建筑等零工经济的自由职业行业。该公司的目标是让工作者能够自由交易他们的劳动力，而且无需传统金融系统的介入。自由职业者上传他们的资料，然后这些资料会经过验证并获得一个信用积分。雇主可以在数据库中基于用户的信用积分和经验来选择人才。一旦工作得到分配，薪酬时间也就计算出来了，允许企业使用基于时间的劳动力时间代币（Labor Hour）来向自由职业者和合同工支付薪酬。

国内很多企业也在做类似的尝试，总部位于深圳的彩生活集团，其在生态圈的打造过程中，就有着社区化零工经济作为其商业模式的组成部分，他们通过手机 APP 彩之云，打造社区服务生态，提供社区业主的各种上门服务、停车服务和社区消费服务，满足各种社区业主的生活需求。现今已经发展成为拥有管理全国近 9 亿平方米物业的全球最大社区服务品牌，改变了社区服务的传统方式，提升了社区服务效率，也减少了消费者的消费成本。目前，彩生活生态圈也被业内誉为仅次于小米生态圈的社区生态圈打造者。

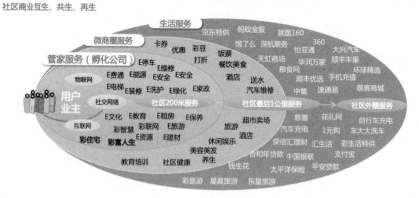

注：图中的微商圈服务便是典型的零工经济模式。

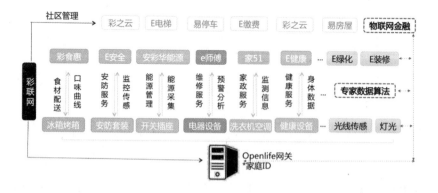

可以肯定的是，区块链商业模式——鼓励合作而不是竞争——非常适合

e师傅：基于社区的专业维修平台

日师傅

TO B
社区公共保养维修

e维修　e保养

物业集团

彩生活

万科第五食堂

华美达酒店

九号大院

TO C
社区到家保养维修

社区用户

深圳/东莞/惠州

上海/南京/常州

苏州/无锡/西安/扬州

e师傅社区
O2O"打法"：

1.基于地理位置的找周边维修师傅，建立"用户"与"师傅"之间的深度连接。

2.目前主要通过和物业集团深度合作，获取订单、用户，建设师傅服务网络。

- **订单量**：日均1.5万单

- **社区渗透率超过30%**

- **公共维修**（物业工作APP）开通了96个城市，1280个小区。

- **家庭维修**（业主APP）开通了深圳、上海等11个城市，覆盖697个小区。

- **家庭维修**（微信公众号）开通了深圳、上海、北京、惠州4个城市，覆盖375个小区，约26万户。

零工经济这一未来就业趋势，在这个基于互联网的就业模式中，每个人的付出都应该得到公平的报酬。

在不久的将来，劳动力成本将因为发达国家人口的锐减而进一步增加，我国同样面临这一挑战，据国家统计局最近公布，2017年全国出生人口数为1723万，比2016年公布的1786万少了63万，下降了3.5%。同样，国家卫计委基层指导司也公布了2017年全年住院分娩数为1758万，比2016年的1864万下降了106万，下降了5.7%。在全面二孩政策实施的第二年，出生人口数和住院分娩数出现小幅下降，这需要我们善用区块链技术和零工经济平台，让有限的人力资源发挥更大的价值和作用。

第二章 零工经济：
一种新兴的经济方式

　　互联网对传统经济形式的冲击将催生各种新兴经济形式，虽然目前它们还只是一种补充，但是在未来，它们会越来越多地影响传统社会，并构建起崭新的社会结构。作为一种新兴经济形式，零工经济是一种以人为本的组织模式和工作方式，是人类第一次开始打破工业时代以来形成的"雇佣"模式。零工经济优于"打零工"的关键之处在于实现自己的更高价值，即马斯洛需求原理所说的更高层次的需求。零工经济最大的意义在于解放了人性，使参与者可以自我支配时间并选择服务对象，这将促进人与人之间的人格平等。

零工经济的历史、影响与未来

　　零工经济是利用互联网和移动技术快速匹配供需方，由工作量不多的自由职业者构成的经济领域，主要包括群体工作和经应用程序接洽的按需工作两种形式。前者通常由一群能够接入互联网的个体在网络平台上完成，工作者可能来自世界各地，包括常规性和技术性较强的任务。后者是用户通过手机应用程序搜索，寻找提供家政、运输、维修等服务的人员，工作者多是本地居民。零工经济现在已经成为世界各国有志者自主创业的主基调。

☞零工经济的发展历史

　　传统的工作是否已经不合时宜？世界在变，现在有许多新鲜的机会和多样的选择摆在你的面前。人们在 Etsy 的网页上出售自己的手工制造，或者利用 Airbnb 的平台为家里空置的房间寻找短期租客，借助 Uber 的软件在业余时间提供出租车服务。这就是从国外兴起的 Gig Economy（零工经济），美国著名媒体人蒂娜·布朗在 2009 年的一篇文章中最早使用了这个名词。国内通常译作"零工经济"，意指以打零工的方式将服务灵活、个人的时间转化成一种经济收入。与 Gig Economy 类似的概念还有 Shared Economy（共享型经济）、On-demand Economy（应需型经济）、Economy（得名于美国自雇人员的税单）。

事实上，全球的自由职业者数量都在增长。一家总部位于英国的公司 Approved Index 做了一份研究报告，其得出的结论令人大吃一惊。研究内容是全球范围内各个国家中拥有或者共同拥有企业的人口所占比例。乌干达为第 1 名，这种"自主就业"的比例为 28%。这对一个依然是专制的国家来说很不容易。第 5 名是越南，比例为 13.2%。越南这个国家之前还有社会主义经济的烙印，在 2013 年，越南进入了"中等收入"国家行列。中国为第 11 名，比例为 10.2%。

随着科技走进千家万户，人们的基本需求更复杂、更多。越来越多的人已经不仅仅要求一份工作，还希望能够自己决定工作的方式，比如更好地在工作和生活之间取得平衡，寻找一份自己真正热爱的工作或是自己当老板。"零工经济"让人们离这种梦想更近了一步。

从国外的情况看，美国就业者组织"自由职业者联盟"估计，如今有 5300 万美国人在从事某种形式的自由职业；自 2000 年以来，英国增加了 140 万家雇员人数为 0~9 人的"微型企业"。"千禧一代"中约 82% 的人认为，自由职业者的最好时代即将到来。美国民主党总统候选人希拉里·克林顿，在竞选演讲中断言："零工经济"正在创造着激动人心的经济并释放了创新。《纽约时报》专题阐释"零工经济"的意义：工人们可以按照自己的选择和时间安排，接受不同的工作，带有自我管理和多样性的优点。零工工人不是为某些没人情味的企业打工，而是为经济中对等的个人工作。

零工经济在中国的发展脉络也是清晰可见的。20世纪八九十年代，风起云涌的"下海潮"，大浪淘沙出万科、联想等业界巨头，成就了王石、柳传志等企业巨子，预示着零工经济的生根发芽。21世纪初，高科技产业蓬勃兴起，互联网不仅"联"出了阿里巴巴、百度、腾讯等业界巨头，而且"网"起了马云、马化腾、李彦宏等企业巨子，凸显着零工经济的开花结果。正如李克强总理在政府工作报告中所说的那样："千千万万个市场细胞活跃起来，必将汇聚成发展的巨大动能……"

从零工经济的发展历史来看，随着科技的进步，人与人之间的联系、交往和交流的方式都发生了变化。但有一个共同点：无论是哪里的人，都在努力生存并为取得成功而奋斗。

☞零工经济带来的变化

零工经济带来的变化体现在以下几个方面：第一，降低用人成本，为人才创造更多的竞争机会。人们需要更加注重职业发展、自身技能和工作投入度。公司在用人方面，会更多考虑从业者的自身技能、职业灵活度，以及有效应对特定工作的能力。第二，虚拟现实技术改变自由职业者的合作方式。办公室上班族与自由职业者可以通过虚拟现实技术实现远程合作。第三，新行业的进一步演化。在未来，创新行业、传统行业，IT行业及金融会计等其他高素质行业，都会出现零工经济。所以我们要不断发展新技能，淘汰不需要的技能。第四，个人职业网络不断拓展。公司可以在内部采用打零工的方式，简单地说就是你可以在公司内部做不同的工作，这种内部"打零工"的方式，能更合理地调配人力资源，人力短缺、解决内部技术的问题。

自由职业和个人创业服务平台，自由生活、全民微创一触即发，这些变化意味着权力的更迭、财富的重新分配、加剧竞争但也为全球创造了机遇。

对于零工经济带来的变化，全球顶级会计公司普华永道的一份报告指出，随着经济的变化，人们希望的工作方式也分为了三种："蓝色世界"代表公司资本主义，"绿色世界"代表集体经济，"橙色世界"代表一些合作性、小的网络以及专门机构。普华永道的分析指出：发达国家与发展中国家的着眼点以及利益并不总是相同的。而且毫无疑问的是，自由职业者们是"橙色世界"促进者，同时也会对其他两个"世界"产生影响。以下是正在增长的"零工经济"对于不同规模的公司所带来的影响。

对于创业公司来说，企业家们必须知道他们不可能什么东西都是自己来做。如果他们雇用自由职业者来完成某些特定的任务，这样可以将成本降到最低。同时，自由职业者并不需要占用公司的管理资源，这样也为公司节省了管理成本。

对于中小型公司来说，之前的日子并不好过。他们并不能提供像创业公司那种进取的环境，也不能像大公司那样提供高质量的进步机会。近几年来，小型公司对优秀员工的吸引力并不是很高。不过，"橙色世界"的增长或许能够帮助到小型公司，以"零工"的方式来选择最好的员工为他们工作，而且，这种趋势正在全球范围之内蔓延。根据普华永道的报告显示，在中国，特别是年轻人，他们更加希望在这个经济上行的环境中获得管理能力、自主权和专业技能。越来越多的中国人希望今后不会受制于传统的雇佣方式。

对于大公司来说，它们可以从这个自由职业者风潮中获得很多好处。但同时，这也要求大公司的管理方式进行变革。使用这样的自由职业者有很明显的好处，大公司们不仅能将这些有特殊才能的自由职业者们用到自己公司最具创新性的试验项目中，而且还可以避免和其他合伙人间的分歧。

☞零工经济的未来走向

很多人觉得，人们愿意打零工是想在找到更好的工作之前用来过渡的，而且只有那些工作不稳定的人和年轻人才愿意这么干。其实，关于"零工经济"，这些人想错了。全球最著名的管理咨询公司麦肯锡最近调查了全球6个国家的8000人，这份调查报告的结论是：零工经济将成为未来就业的新趋势。概括地说，调查报告的理由如下：

第一，过去我们觉得没那么多自由职业者，其实这一部分人并不少。统计显示，在美国和欧洲，有10%～15%的适龄工作人口通过打零工谋生，还有10%～15%的人把打零工作为主业之外的副业。在欧洲和美国的15个国家有1.62亿自由职业者。

第二，我们还把零工经济出现的原因，归于全球经济低迷不振，其实也不是。真实情况是这样的：在全球经济大萧条缓和的时期，零工经济并没有减少。实际上，自由职业的工作方式，反而有利于宏观经济的复苏。因为就业灵活和行业门槛低，自由职业能解决一部分失业人口的就业问题。调查显示，欧美国家就业市场中有一亿不完全就业人口，都表示他们想要更多的工作。

第三，打零工是因为没找到工作之前用来过渡的吗？调查结果不是这样的，大约70%的自由职业者是自愿这么做的。而且这些人和传统行业的人相比，对自己工作更满意，他们很看重自由职业者的工作更专注、更灵活性、更善于自我管理，希望能有更好的发展机会。

第四，你以为只有年轻人和工作不稳定的人才愿意打零工吗？其实也不是，自由职业者在各个年龄段的分布很平均，既有年轻人，也有很多65岁以上的人。在行业方面，不仅是收入低的人在打零工，一些收入很高的行业，比如律师、医生、会计、设计师，他们也打零工。

第五，零工也不只是低端的工作，零工经济正在变得越来越数字化。目前，只有6%的零工经济行业，是类似Uber这样的数字平台，但这个比例在未来有很大的增长潜力。随着移动设备和数字平台的发展，自由职业的门槛会继续降低，人们的求职效率会更高。

"零工经济" ≠ "打零工"

零工经济并不是号召大家都去"打零工"，两者间最关键的区别在于：第一，零工经济的本质是打破传统雇佣关系，让大家利用自己的资源、特长来实现自己的更高价值；第二，零工经济为自由职业者提供了可以实现个人价值的舞台。

☞零工经济打破了传统的雇佣关系

零工经济打破了传统的雇佣关系。在传统雇佣关系中，雇主需要综合考量雇员除技能以外的其他条件，劳资双方通过签订劳动契约来获取长期的合作关系，因此建立的是雇佣关系。而"零工经济"则更趋向于技能导向性。这种情况下，双方合作以短期项目居多，"供给方"和"需求方"以技能为纽带实现交易。合作周期缩短意味着"需求方"面临的风险减小。对于"供给方"来说，短期合作带来了更低的准入门槛。原因在于短期项目更看重结果而非长远发展，只要他们能够满足阶段性所需的服务和技能的条件，就有可能达成合作。

除此之外，零工经济赋予了个人更多的角色选择，不再是全职员工，而是供应商、承包人或临时工。伴随角色转变而来的是权利和地位的转变。不存在服从与被服从的劳资关系，而是可以自主选择工作内容、工作时间和合作伙伴。

总之，零工经济并不单纯等于打零工，其更高级的层面在于自我实现。如果依然将零工经济定义为赚小钱、赚快钱，恐怕不能准确概括零工经济对自由职业者的全部影响。如果能将自己的爱好变为工作，即把热爱之事当作事业经营，无疑会带来极大的成就感。

☞斜杠青年在零工经济中实现个人价值

2007年，《纽约时报》专栏记者麦瑞克·阿尔伯写了一本书"One Person/multiple careers"，她在书中提到说，如今越来越多的年轻人不再满足"专一职业"这种无聊的生活方式，而是开始选择一种能够拥有身份和多重职业的多元生活。这些人在自我介绍中会用斜杠来区分不同职业，例如，"莱尼·普拉特：律师/演员/制片人"，于是，"斜杆"（Slash）便成为他们的代名词。众多斜杠青年甚至助力衍生出一种新的经济形态——零工经济。

事实上，斜杠青年不只是在国外流行，国内一线城市也已经开始出现斜杆青年的身影，而且他们的数量在迅速增加。他们当中，有的完全是自由职业者，依靠不同的技能来获得收入，有的则有着朝九晚五的工作，在工作之余利用才艺优势做一些喜欢的事情来获得额外收入。例如，就读于中国传媒大学的 Ruby 学习的是电视制片专业，在拍片剪片方面很在行，最大的兴趣爱好是美食和古筝。Ruby 和同学做了一个关于美食的公众号，每篇文章保持5000 以上的阅读量，现在还开始有了广告投入。但是她并不满足，除了平时上课，Ruby 还通过某网上平台找到了"打零工"的机会，教一个三年级的女孩古筝。

斜杠青年的出现并非偶然现象，而是社会发展到某个阶段会出现的必然现象。在这里我们先来做一下简单的探讨。

罗格斯大学教授，人类学博士海伦·费雪，在她的一次 TED 演讲中谈到人类社会两大显著趋势时，提到说，随着女性重新回到劳动市场，男性和女性之间的距离正在慢慢缩小。这里，她用了一个很有意思，却十分准确的词——"重新回到"。为什么说是"重新回到"呢？海伦·费雪解释说：在1 万年前的采集社会，女性曾是主要的食物提供者，她们采集的食物占到当时总饮食的60%~80%。那个时候，女性和男性有着同样的经济和社会地位。然而，从农业革命开始，女性的地位便慢慢下降，她们甚至被看作是"商品"。如今，社会的发展和进步让女性重新获得了经济实力，男女也渐渐趋于平等，人类社会终于开始朝着原本应有的状态发展。

同样地，斜杠青年的出现，也是社会发展的结果和进步的表现。这种进步使人类能够摆脱工业革命带来的束缚和限制，让其天性得到释放，回归到人类本应属于的状态。那么，人的天性应该是什么样的？这得去看看采集社会的人类生活状态，因为这个时期占到了人类整个历史的90%以上。当时的人类面临着危险和多变的生存环境，为此，他们不得不通过训练让自己获得随机应变的能力和全面的生存技能。尽管环境多变，但他们却不乏生活乐趣，因为几乎每天都能接触新鲜事物，还能发展和运用不同技能。由此可见，祖先们的生存环境早已决定了我们的天性就是喜欢多元的生活，喜欢利用不同技能来应对新挑战。然而，工业革命和农业革命先后把人类限制在固定的工作场所和固定土地，从事没有多少挑战的重复劳动。于是，"专业化"成了人类社会的"圣经"，也成了这个时代的"理所当然"。不管是学校教育还是后来的职业发展，我们都在努力让自己变得越来越专业化，以便成为一个产业链中的"螺丝钉"。

斜杠青年在不久的将来会越来越流行，并成为新一代年轻人所热衷的生活方式，这不仅是因为这种生活方式更符合人性，更是基于以下几个重要社会趋势：

首先，在后工业时代，服务业将慢慢成为最大的产业，这包括教育、文化、健康娱乐、艺术、旅游等，未来必将有大量人才涌入这个行业。工业与服务业最大的区别就是，服务业不涉及生产，其交换的大多为个人技能知识和时间，没有很长的产业链，也不需要大规模合作，大多情况下，个人甚至就能成为一个独立的服务提供商。如今，互联网的发展又为此类服务业的发展提供了很好的支撑，帮助供需方解决信息不对称的问题，让独立的个体之间能够直接进行交易。硅谷目前最火的明星公司 Airbnb 和 Uber，就让全球成百上千万的人拥有了第二份收入。在国内，除了类似平台之外，还兴起了很多诸如运动健身、私厨美食、美容美甲按摩、旅游服务、教育、技能知识分享、时尚买手代购等平台，这使得大量相关技能拥有者能够摆脱机构的束缚，直接为用户提供服务。除此之外，微信公众号也成了推广自品牌很好的方式，很多人通过运营公众号以及由此而衍生出的服务和商品从而获得了不菲的收入。现在，只要你有一技之长，就能利用各种垂直平台获得职业外的额外收入。

其次，我们已经跨入了一个创造力和知识的时代。人才超越了资本和土地，成为生产要素中最重要的一部分。在资本经济时代，资金曾是最重要的生产要素，只要有大量资金就能购买土地，雇用大量工人，通过规模效益获得巨大利润，这些企业培养出了一大批优秀的职业经理人，他们是那个时代的精英，用自己的专业管理知识为企业主服务，创造了巨大的价值。然而，那个时代已经一去不复返，资金不再等于一切。硅谷的崛起使得过去那些老牌的全球 500 强企业黯然失色，世界的聚光灯迅速转移到了那些充满活力和激情的科技公司，Goolge 与苹果的成功大大提高了工程师和设计师的地位，于是那些曾经在学校最不受欢迎的极客们（Geek）登上了历史舞台，成为各大科技公司和互联网公司争相抢夺的人才资源。关于这一点，互联网人一定感受颇深，在整个移动互联网行业，资金变得非常廉价，千万级的融资根本不值得一提，初创公司几乎把融到的钱都砸在了工程师身上。我们需要意识到的是，当互联网的基础搭建完成后，当所有可链接的"点"都以某种方式被链接在一起之后，拼内容的时代就将来临了。技术只能服务底层建设，提高交易效率，它本身并不是最终交易的一部分，最终的价值创造靠的则是那群能够产出高品质内容和创造出有真正需求的产品和服务的人。因此，我认为，继工程师和设计师之后，一类新的人群即将崛起，就是那些知识型和创造型的人才，他们应该很快会成为资本追逐的对象。

再次，不久的未来，经济组织方式也将发生变革，那种把人集中固定在

同一时间和场所的传统工作方式将逐渐被松散的、合作式的方式所取代。资本经济时代的管理理念是，人是懒惰的，因此雇员们需要被严格管理，于是他们被安排在固定的时间和固定的场所做着无聊的重复劳动。这套管理和企业组织方式在创造力时代是行不通的，因为人只有在自主和自我驱动的状态下才能拥有最大的创造力。事实上，组织创新早已经在硅谷如火如荼地进行着，在那里，企业员工有着极大的自由来选择与谁工作，参与什么项目，在哪里工作以及何时工作。我甚至大胆猜想，随着优秀人才的需求以及他们本身可选择机会的增加，传统的雇佣制甚至会慢慢转变成合作式，正如这句话所预测的那样"你再也雇不到优秀的人才，除非你跟他合作"。雇佣与合作最大的区别是利润分配。资本处于强势期时，企业创造价值而产生的大部分利润必然归资本方，然而，当人才成为关键资源后，它的稀缺性会推动其价格的上涨，利润也将逐渐从资本方转移到人才方，直到达到合理分配，即合作状态下的利润分配。因此，在未来，一个人越优秀（优秀的定义为"拥有很难被替代的知识或技能"），受到的限制就越低，因为他将有足够的权利来选择与谁合作、利润如何分配、每天工作多长时间等。

最后，随着新时代的来临，整个社会重新燃起了对知识的崇拜渴望，这将给知识型人才带来巨大机会。这种趋势现在已经十分明显，"罗辑思维"和"在行"的成功就很好地说明了这一点。"罗辑思维"从公众号开始，两年内成为拥有几百万粉丝的"知识服务商"，它在把知识变成大众消费品之后，又把大量优秀的知识拥有者打造成知识生产商，自己则从中分得利润。"在行"的出现和流行也很好地验证了一个事实：市场已经愿意为有价值的知识和经验付出高额费用，这在原来是不可想象的，知识服务将是一块很大的市场，知识分子也将因此成为这个时代的精英，并获得应有的财富和社会地位。

我们现在所处的时代是人类历史上最好的一个时代，因为年轻人不再需要拼家庭背景、拼财力、拼人脉，而是可以完完全全通过自身实力和才华就能获得个人成功。这其实得归功于互联网的发展，它的出现冲击了传统"社会阶级"的根基，提高了社会流动性，给这个世界带来了"人人平等"的机会。所以，这个时代最重要的投资应该是"自我投资"，因为只要你拥有扎实的知识功底、才华或者技能，就可以拥有多重职业和身份，成为斜杠青年中的一员，过上一种更接近人类原本生活状态的、自主的、有趣的、更多元化同时又能经济独立的生活。

下面我们回到斜杠青年在零工经济中实现个人价值这个话题。

Ruby 的做法并非单例，美国 2003 年的统计数据发现，62%的大学本科在读学生都在寻求两年制的多个学位，为了将来能够有能力从事多种职业，纽约大学 2006 年以纽约大学生为调查对象，发现年轻人希望在自己的一生中更换 3 次职业，只有 28%的期待从一而终。事实上，Ruby 成功的角色转换正是顺应了互联网经济的发展，随着数字革命和移动终端的普及，为许多服务业的发展解决了供需双方建立联系以及信息不对称的问题，因此大量平台应运而生，如 Uber、AirbnbTaskrabbit 等。人们借助于互联网平台可以更为灵活地转换自己的身份，一个人依靠一台电脑甚至一部手机也可以成为一个服务提供商。此外，从企业自身的变革趋势来看，企业传统固定的组织结构形式已经不适用于当今灵活职场环境，因而趋向于"扁平化"发展，企业和员工的关系从"终身雇佣"逐渐变成"短期项目合作"，这种灵活而自由的工作方式解放了人的时间和创造力，激发了创业公司探索更高效的解决方案。

斜杠青年是如何在零工经济领域中实现价值的呢？从商业模式上看，零工经济其实是由零工经济平台、商品或服务的供给方以及需求方三大主体构成的。斜杠青年正是其中组成部分，也是通过此商业模式而实现其价值的。零工经济平台将有想法和有办法的人引入同一个平台之上，并基于智力资源的供给和需求进行相互链接。比如，个性化个人技能服务交易平台"空格"

推出"一站式"企业和家庭活动的定制服务专家"空格+"，其内生动力正是源于"互联网+"背景下的零工经济。空格通过在互联网平台技能分享领域的资源积累，使其拥有了整合资源的能力。空格平台在 2016 年 10 月就拥有了 20 多万"手艺人"、600 多项服务类型、1200 多万用户。24 岁的轮转是一名大学生，他是空格手工定制服务者，他认为流水线工艺品几乎千篇一律，而扎染的艺术品却从不相同。空格让他有机会把中国的非物质文化遗产传承下去。轮转说，他收获的不仅仅是经济，更多的是对时代的参与感。同时，在空格的社区里，轮转可以通过论坛进行对话交流，在"螺旋桨大课堂"中通过主题学习进一步丰富自己的技能。这种灵活的培训和许可发放机制，让零工经济里的斜杠青年迅速提升自身技能成为一种现实。零工经济的平台也是斜杠青年不断升级。在空格，通过售卖个人技能和服务，让空闲时间成为一种资本，开启生活、学习的新方式。

综上所述，在生活美学成为社会的一种趋势时，个性化需求为零工经济平台斜杠青年创造了广阔的市场。而零工经济商业模式的内核也正是基于市场经济大潮下个性化需求的资源优化配置的模式变革及理念创新。

"零工经济"与"共享经济"

"零工经济"与"共享经济"是两种不同的经济形势,共享经济的关键是共同享有,主张通过组织之间的异类资源或同类资源共享互补来实现共享价值,比如房子、车子、各种设备等;而零工经济的关键在于自由职业者提供的服务往往是无形的,而且多为获得需求信息后主动采用上门服务的方式。对比分析两者的区别与联系,有助于我们更好地理解零工经济这种新兴的经济方式。

☞共享经济:"使用"而非"占有"

一件物品的产权分为"占有权"和"使用权"。占有权对应物权法的"归属",使用权对应物权法的"利用"。共享经济提供的思维方式是:这件物品的"占有权"属于谁并不重要,重要的是你能不能使用它。共享经济的商业本质是以租代买,其实就是一场产权革命。各种 APP 能通过时间、地点、技能的匹配将物品的使用权分配到最需要它的地方,将资源利用率最大化,将多余资源转化成为生产力。

　　我们看看身边的情况，会经常发现这样的事：很多公司在推销自己产品的时候这样表述：这件产品不收钱，我们只收服务费。比如云服务机制，就是产品的占有权免费，但是需要使用费。这都可归纳为共享经济的实质。

　　互联网时代已不再是奇货可居，而是奇货可租。产品是谁的不重要，关键是它归谁使用。将产品的"占有权"和"使用权"进行分离，将大大提升社会资源的利用率，并大大提高社会运作的效率。如今大多数国家的社会资源出现严重"过剩"，而互联网又让这些资源进行了一次回收和再利用。

☞零工经济的真正意义：解放人性

　　《纽约时报》专题阐释"零工经济"的意义：接受不同的工作。工人们可以按照自己的选择和时间安排，带有自我管理和多样性的特点。

　　事实上，是否能够按照自己的选择和时间尝试多样性工作，需要自由职业者具备一定的能力：你要是能自我管理、高效工作，就能取代你的上级管理者；你要能自我营销，持续了解同行动态，和客户谈业务聊人生，也就能取代市场部、销售部、商务部；你要是能自我更新，当你自己给自己设定学习计划，也就能取代人力资源部；你要有财务能力，能管好自己的钱，抵御得了随时可能的空档期。当你一项项修炼这些能力，相当于你开始以自己的专业为核心，建立一个个新的部门，创办一家一个人的企业。现实中，面对同一个空间的工作和生活，如何有序安排而不会互相干扰？如何不让自己因为孤立而陷入沮丧、因为高压而放弃正常生活？只有迈过这一步，自由职业者才能维系职业化的稳定心理。待你克服这一切，获得了自主的愉快，你才深深知道，虽然自由原来要付出这么大代价，但孤立后的喜悦及不可分享的特性，成为你个人的巨大成功以及财富。

零工经济的真正意义在于完成了人性的解放。选择自己钟情的服务，因为人们可以自我支配时间，这将促进人与人之间的人格平等。

随着移动互联网的兴起，可以随时提供零工服务的平台及手机应用出现，不用去路口拦出租，你可以用手机在任何一个地点找到可以搭乘的车；车主在路上也能用手机找到顺路的乘客，而不用为了拉客在街上到处转。这种服务方式减少了双方的时间，效率提高了，当然发生服务的频次也提高，对于提供服务的零工来说，他们可以在同等时间内比不用移动平台的人接到更多的活儿，收入当然提高。

越来越多的人做零工也跟软件的发展有关。因为现在的软件能代替人类的一部分工作，使一般的企业员工有了更多业余时间赚钱，这也许是个不错的选择。比如说你是一个程序员，有一天出现了更先进的自动编程系统代替你的一部分工作，你有了更多空闲时间。这时有个网络平台出现，让你用多余的时间开专车或者做翻译，你很可能不会放过赚钱的机会。科技继续发展，有剩余时间的人也会越来越多，也就会有越来越多人去做零工。

一部分做零工的人只是不喜欢朝九晚五的工作，想要更多可支配的时间，这种人没有将一份工作做到底的传统观念，可能几年之内会换好几份工作。对于这些人来说，零工经济可以让他们能够自由选择工作内容和时间，达到工作与生活的平衡。

参与零工服务的人增加，做零工的人收入大大提高，创造的价值更高，终于让零工成为一种让人无法忽视的经济现象。很多专家预测零工经济有广阔未来。根据麦肯锡咨询公司的研究显示：到 2025 年，像 Uber 一样的"在线人才平台"有望贡献全球 GDP 的 2%，还能创造 7200 万个工作机会。

零工经济下，人们除了可以自我支配时间，还可以选择自己钟情的消费者服务。自由职业者往往拥有一技之长甚至多重专业能力，面对大量重复性工作即将遭遇淘汰，科技再一次解放人类双手，拥有自由职业能力的人关注创造、艺术、启发、审美、情感、共鸣等领域，也将引领更多人关注创造、创新和审美。

这种自主选择的背后是对自由的追求。事实上，追求自由是自由职业者最为关注的。无论是上海、伦敦、旧金山还是北京约访的自由职业者，几乎在每个人的故事开头都有一段"我想更自由"的诉求。

在欧美，这个人群更加庞大。"美国从事自由职业有 530 万人，他们占全国职业人口的 34%。"独立调查机构 Edelman Berland 2014 年 4 月发布了一份报告，与他们联合完成报告的自由职业平台 Elance-oDesk 的创始人、现任CEO Sara Horowitz 为此发表文章说，"过去的工作方式已经逐渐失去了效力，我相信 530 万这个数字会继续增加"。她认为，"新的经济模式已经在这里了，它是自由职业者带动的"。这里提到的新的经济模式，其实我们并不陌生，比如各类 O2O 爆发而催生的零工经济，再如 Uber 引领的按需经济等。在中国，新一代消费者正在成长壮大。无论是所提供服务的对象还是自由职业者自己，都属于这个群体。

雅倩大学毕业后遵从了父母希望她生活更稳定的心愿，进了一家央企。2014 年 11 月，雅倩结婚了。拍婚纱照之前，她做了不少功课，挑选了一家口碑不错却并不算出名的小工作室。这是个夫妻店，设计师和雅倩年纪相当，理解彼此的想法。更重要的是，当雅倩看到他们拿来的婚纱时非常激动。她自己也曾有个做服装设计师的梦想——在进央企前曾经想去北京服装学院进修，做一个服装设计师，这让她重新燃起了理想之火。2015年5月，雅倩成立了自己的婚纱设计工作室，生活也随之发生了大变化：她专门选择那些有"定制"意愿的人作为客户；拜托在纽约的朋友帮她研究独立婚纱设计师的作品；她要操心怎么注册品牌……虽然目前赚到的钱并没有以前多，但她乐在其中，她不再觉得自己像在央企时那样浪费时间，反而总觉得能量不够，需要补充，甚至"每天睡觉前一分钟都还在想这些事情"。服务行业的自由职业者对互联网平台的需求更强烈些，"它还能帮你获得一些资源"，雅倩说，也可以帮你了解行情。例如，她通过厅客的活动认识了一些摄影师，如果这些人遇到了拍婚纱照的生意，也可以和雅倩分享。

对自己现在的状态，雅倩定义自己为自由职业者。"我觉得创业和做自由职业者是两件事。对创业的人来说，计算成本和收入很重要。有时一件事你未必喜欢，但是为了自己的公司也要去做。但是自由职业者最重要的是把自己的事情做好，让别人来找你。"

从历史角度来看，有利于促进信息发展、有利于降低社会总成本、有利

于社会资源整合、有利于资源充分利用、有利于加快社会进步、符合人类本性的经济形式，满足以上任意两点，都会有一个好的发展。而"零工经济"就是这么一种经济表现形式。

☞零工经济推动了社会变革

非全日制工作因在降低失业率方面发挥的作用，已成为不少国家在金融危机后大力推广的重要就业形式。以此为基础形成的零工经济，将逐渐成为推动社会变革的引擎。

零工经济创造了经济机遇，激发了创业公司去涉足实体经济的各个领域，探索更高效的解决方案。例如，打车软件 TaskRabbit、工作中介 Fiverr、短租中介 Airbnb，按需递送服务 Postmates 和 Favor 以及外卖服务 Instacart 等代表企业。广州众弘互联网有限公司旗下的大圣众包，是国内领先的大数据与商业智能（BI）技术服务领域的专业众包电商平台。它拥有超过 1 万名售前专家、程序员与资讯顾问专业，挚诚为企业用户提供高质量的解决方案咨询、任务分解管理、项目任务开发、系统运维优化等范畴的专业化服务。

作为稳定就业的缓冲剂，零工经济能更加灵活地安排时间使它受到了更多人的认可。如果放眼整个就业市场，这也等于在稳定的劳动力大军之外，增添了一股灵活机动的"游击队"。中央政府曾多次表态，稳增长的目的是为了保就业，在经济进入新常态的形势下，零工经济显然具有积极作用。实际上，零工经济在很大程度上能缓解各国经济发生高失业率时社会的破坏性。以西班牙为例，25 岁以下的年轻人失业率甚至在 50% 左右，西班牙经济状况不容乐观、失业率高企。从统计数据上看，西班牙社会应当处于极不稳定状态。但实际情况是，当地并没有因为经济负增长和高失业率而引发恐慌。其中一个很重要的原因就是得益于零工经济解决了很多就业问题，很多年轻人尤其是高校毕业生借助互联网创业，这解决了很多年轻人的就业与生计问题。

零工经济的发展，实际上增加了一国经济的柔韧性。

此外，零工经济的发展刺激了人们自发性地学习更多的技能，成为拥有全面综合能力的人才，在更多领域中寻求自己的一片天地，实现自己的梦想，最大限度地发挥自己的潜能，实现自我人生价值，而不只是将自身局限在一家企业中。众包平台、兼职平台或提供服务的网站和应用将服务者和顾客联系起来，不仅仅是为斜杠青年创造新的数字化渠道，而且产生了一系列新的经济活动。大圣众包为斜杠青年提供了优质专业的工作平台，引领了威客云端生活的潮流，为共享经济时代的零工经济发展添上了色彩斑斓的一笔。斜杠青年由此获得一种新的身份——小企业主，他们可以通过这个平台，把自己的智慧、知识、能力、经验转换成实际收益，而实际上他也是一个靠时间或产权、自己技能向需要解决问题的雇主提供自己服务的独立合同工。在零工经济，斜杠青年可以按照自己的选择和时间安排，接受不同的工作，他们并不是为某些没人情味的企业打工，而是为经济中对等的个人工作，并且，他们带有高度自我管理能力和技能多样性的优点。

什么人在参与零工经济

麦肯锡全球研究院于 2016 年 6~7 月在美国、英国、德国、瑞典、法国和西班牙进行了一项针对 8000 余人的在线调查，询问了采访对象过去 12 个月的收入来源（包括主要工作和其他带来收入的活动）、未来工作展望和职业满意度。综合考察各国官方统计数据和其他第三方调研结果之后，麦肯锡发布了《独立工作报告：选择、需求和零工经济》。其中对参与零工经济的人群进行了描述和分析。

O2O自由职业者的技能证书

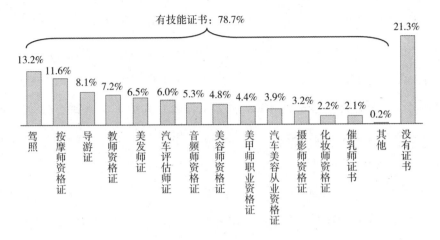

有技能证书：78.7%

13.2%　11.6%　8.1%　7.2%　6.5%　6.0%　5.3%　4.8%　4.4%　3.9%　3.2%　2.2%　2.1%　0.2%　21.3%

驾照　按摩师资格证　导游证　教师资格证　美发师证　汽车评估师证　音频师资格证　美容师资格证　美甲师职业资格证　汽车美容从业资格证　摄影师资格证　化妆师资格证　催乳师证书　其他　没有证书

☞麦肯锡定义的"独立工作者"群体

麦肯锡对"独立工作"有如下定义：第一，高度自主。独立工作者在决定工作量和工作内容上有高度灵活性和自主权。他们可以按照工作的回报、客户的喜好或时间来决定是否接受工作任务，并且可以在不同时间做出不同选择。第二，根据任务或销量获取回报。独立工作者根据任务、他们达到的销量或合同获得报酬。与有固定薪资的员工不同的是，他们不会在非工作时间内获得薪水。第三，工作者和客户的关系是短暂的。独立工作者的工作内容通常为短期任务，比如开车载人去某一地点、治疗一位病人、设计一个网站或接手一个案件。工作者和客户都承认这种关系是短暂的。麦肯锡将独立工作定义为时长不超过12个月的任务。

根据麦肯锡对"独立工作者"的定义，有三种工作者符合该定义：销售商品的工作者、提供服务的工作者和出租资产（如空余房间）的工作者。这三种类型都要求工作者投入一定的精力和时间，且许多独立工作者可能会同时做两种以上类型的工作。

麦肯锡研究人员发现，参与独立工作的人群比官方统计要多：在调研的6个国家内，除了10%~15%的劳动人口以独立工作为主要收入来源以外，还有另外的10%~15%通过独立工作获得额外收入。根据这份报告的估计，美国有5400万~6800万独立工作者，在另外5个欧洲国家这一数字在3000万~6200万。也就是说，这6个国家的独立工作者总人数可能达到1.62亿。他们当中的绝大多数人提供服务，1%的独立工作者出租资产，只有2%~3%的独立工作者销售商品。

麦肯锡发现，参与独立工作的人在年龄、教育水平、收入水平和行业上均呈现了多样性。调研结果证实，许多人对零工经济的刻板印象并无根据。首先，独立工作者并不都是那些为了生计挣扎的低收入人群，除了西班牙以外（该国常年的高失业率导致临时工变得极为普遍），其余5个国家的此类独立工作者不到全体独立工作者的1/4。其次，尽管零工经济在建筑施工、交通领域和家庭/个人护理广受欢迎，但其实也被许多其他行业群体所青睐，如医生、治疗师、律师、会计和写手。

艺术设计自由职业者种类

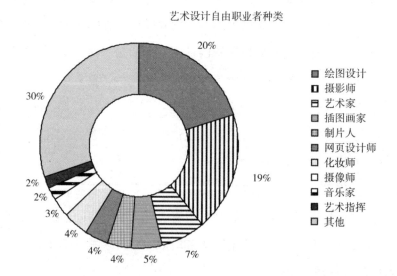

- 绘图设计
- 摄影师
- 艺术家
- 插图画家
- 制片人
- 网页设计师
- 化妆师
- 摄像师
- 音乐家
- 艺术指挥
- 其他

关于为什么成为独立工作者，有人是为了"情怀"，有人则是被生活所迫。麦肯锡根据独立工作者的需求动机将其大致分为四类：一是自由职业者，他们自主选择独立工作并将之作为主要收入来源。二是赚外快者，他们自主选择独立工作赚取额外收入。他们当中有些人有传统工作，也有些人是学生、护工或退休人员。三是不情愿者，他们以独立工作作为主要收入来源但更想要传统工作。四是经济困难者，他们通过独立工作获得额外收入以达到收支平衡，但他们更希望自己不必如此。

在这四类独立工作者中，自由职业者、赚外快者分别为独立工作者中最大的两个群体（共占70%~75%），在电子平台上参与独立工作的人往往更可能是自主选择投身零工经济的人。尽管不情愿者和经济困难者的比例较小，调研发现仍然有5000万美国人和欧洲人被生活所迫选择独立工作，其中超过2000万人以独立工作作为主要收入来源。另一个有意思的发现是，拥有传统职业的员工和独立工作者可能将彼此的工作视作一种"围城"：每一位以独立工作为主要收入来源的劳动者对应着超过两位希望投身独立工作的传统职业工作者。

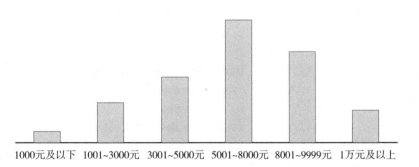

自由职业者的个人税前月收入分布

平均税前月收入：

8312元

| 1000元及以下 | 1001~3000元 | 3001~5000元 | 5001~8000元 | 8001~9999元 | 1万元及以上 |

　　总体而言，自主选择某种工作方式的人比被迫接受某种工作方式的人对工作的满意度更高。麦肯锡发现，自由职业者比传统职业工作者的工作满意度更高，他们对能够独立自主感到满意，工作更投入，且对工作时间有更多的掌控。他们对自己的整体收入水平比后者更满意，且在收入稳定性和福利方面抱怨更少。赚外快者在某些方面也比传统职业工作者更满意。他们当中的一些人将兴趣转化为赚钱手段，或仅仅是享受工作之余能做点其他事情的状态。与之相对的是，那些被迫接受当下工作方式的人群对工作的满意度显著偏低。其中值得注意的是，那些为生计所迫的独立工作者虽然满足于工作灵活度和工作内容，但在收入水平和收入保障方面则不那么满意了。

O2O自由职业呈现年轻态

数据显示
18~25岁人群是否想成为O2O自由职业者调查中：

82.6%
的年轻人向往
自由职业

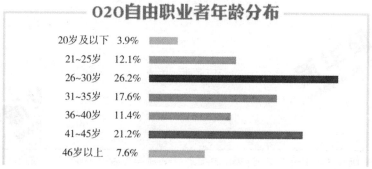

O2O自由职业者年龄分布

年龄	比例
20岁及以下	3.9%
21~25岁	12.1%
26~30岁	26.2%
31~35岁	17.6%
36~40岁	11.4%
41~45岁	21.2%
46岁以上	7.6%

这份报告的另一大发现是，尽管 Airbnb（爱彼迎）、Uber（优步）等共享经济平台风头正劲，但它们只占独立工作的一小部分——只有约4%的劳动人口使用电子平台赚取收入。然而这些平台近年来迅猛发展，已经有15%的独立工作者开始使用它们。共享经济平台预计将创造大规模、持续发展的、更高效的市场来连接工作者和买方。除了共享经济的成长之外，其他一些因素也将进一步促进独立工作者的需求：传统职业员工越来越愿意尝试独立工作、希望获得工作机会的待业人群和失业人群、对独立服务有更高需求的消费者和企业机构。

麦肯锡指出，虽然独立工作能够促进经济发展，但值得注意的是独立工作也带来了许多问题，比如收入和福利缺乏保障、独立工作者难以获得信贷、就业资质和缺乏培训。麦肯锡认为，其中的部分问题可以通过社会创新和新型中介解决，而政府同样需要采取更多措施来重视和保障独立工作者的权益。报告呼吁人们随着社会发展，需要工作的群体逐渐壮大，越来越多的人有着不同于别人的观念，社会也必须要正视他们的发展和影响。英国首相特蕾莎·梅此前便要求对"零工经济"下自由职业者的状况予以关注。

☞国内参与零工经济的人群

麦肯锡描述和分析的参与零工经济的人群在中国也不同程度地存在。关于这一点我们在前面已经讨论过，这里不妨再给出有关人数的数据。

据阿里研究院报告显示，到2036年中国可能有多达4亿人属于零工经济的自由职业者。中国是世界最大的互联网和智能手机市场，经济的快速增长及共同的语言导致7.13亿网民的同质化，缩短了这些趋势形成的时间。智联招聘的首席顾问郝建表示："随着服务业和网络平台的兴起，人们可以把自己的技能时间直接转化为生产力，数字化支付工具使他们能在自己工作的任何地方、任何时候得到报酬。没必要总为一个老板打工，没必要在办公室小隔间工作。"

麦肯锡公司称,零工经济将扩大劳动力的参与,促进生产效率,为失业者提供机会。同时对雇主来说,他们也乐于使用临时工,因为这可节约养老保险、医疗保险甚至年终奖等数目不菲的公司成本。现在中国经济正遭遇近三十年增长速度最慢的困扰,零工经济带来的低成本对利润微薄的企业无疑是福音。

零工经济催生新型工作模式

零工经济对工作模式的影响,许多人给出了自己的解释。在这里,我们不妨来看看英国《金融时报》专栏作家约翰·加普、美国纽约大学商学院教授阿伦·孙达拉拉詹以及企业家 Faisal Hoque 在这方面的观点。之所以选择大学教授、专栏作家和企业家,是因为这三个身份或许更能代表人们对这一问题的看法。

☞零工经济让"铁饭碗"时代一去不返

英国《金融时报》专栏作家约翰·加普曾撰文指出,现在的任务是对这一新型经济的不利之处加以遏制,而又不抑制就业增长或阻止人们以自己喜欢的方式工作。当前在很多人都想要有其他选择的情况下,存在将过去固定工作合同及全职终身雇佣制的好处浪漫化的风险。几乎没有人想要成为机器中的齿轮,即便他们有那样的机会。盲从于企业与剥削劳动者是两种相生相伴的危险,新的就业世界必须在这两者之间开辟出一条道路。这篇文章具有一定参考意义。

　　发达经济体的城市办公室里的上班族或是生产线上的工人——他们就像一台机器中享受保障却被压抑着的齿轮。"一群人流过伦敦桥，我从没想过死亡毁灭了这么多。"英国后期象征主义诗人 T. S. 艾略特在他的诗集《荒原》中这样写道，他就曾在劳埃德银行工作。

　　如今仍然有数百万这样的劳动者，其中包括很多女性，但是新的就业世界更令人兴奋但保障性也更低。无论是工作条件还是薪资水平都更加多样化。人们从事短期工作、兼职、自由职业或自我雇用的可能性更大了。用过去的定义来衡量，现在的工作可能根本不算工作。

　　希拉里·克林顿曾悲叹，"打造了世界上迄今最大经济体及最强中产阶级"的美国职业契约，即"只要发挥自己的作用并努力工作，就可以获得成功"的契约，如今受到了削弱。正如她所说，Airbnb 和 Uber 等出售服务及工作的互联网平台的增长——"正在创造着激动人心的经济并释放了创新，但这也带来了未来该如何定义好工作及关于工作场所保护措施的严峻问题。"

　　新型就业世界存在很多可能性。管理咨询公司麦肯锡旗下的研究机构——麦肯锡全球研究所预计，到 2025 年，包括 Uber 等平台在内的"在线人才平台"，以及 Monster.com 等招聘网站有望贡献 2% 的全球 GDP，并创造相当于 7200 万份全职工作的就业机会。

对于很多千禧一代来说，完美的工作并非是找到一份能够做一辈子的稳定工作，而是创办一家创业型科技公司——那种由天使投资者出资充满魅力的小型企业。他们梦想着成为 Facebook 的马克·扎克博格或谷歌的拉里·佩奇和谢尔盖·布林那样的人物，而不是专业服务机构或上市公司的高管。

梦想只能停留为梦想：2009~2014 年，尽管在此期间增加的 110 万个就业岗位中自我雇用工作占了 73.2 万个。但英国自我雇用者的平均收入下滑了 22%。就业合同只让少数人尝到了甜头，而其他人则成为输家。

政策制定者面临的挑战是找到一种新型就业合同，以适应不断变化的劳动力。病假和养老金等福利往往是固定工作专属的，并随着工作年限的增加而增多。随着工作性质的多样化，那些打零工、做咨询或者经营一家只有一两名雇员的"微型企业"的人也需要类似的保障。

现在已经有了相应的法律调整。加州劳工专员办公室于 2015 年 6 月裁定 Uber 司机事实上属于员工而非 Uber 所认为的独立承包人。英国政府准备提高成人最低时薪，纽约州工资委员会建议将该州快餐业员工的最低时薪设定为 15 美元。

现在的任务是对这一新型经济的不利之处加以遏制，让人们以自己喜欢的方式工作并且不抑制就业增长。几乎没有人想要成为机器中的齿轮，即便他们有那样的机会。盲从于剥削劳动者与企业是两种相生相伴的危险，新的就业世界必须在这两者之间开辟出一条道路。

☞零工经济催生新型工作模式

英国《卫报》网站曾经刊登《"零工经济"来了，这对工作意味着什么?》一文，作者为美国纽约大学商学院教授阿伦·孙达拉拉詹，他认为，零工经济催生新型工作模式，文章对此做了阐述。

不久前，打"零工"的还只有音乐家。对其他人来说，一旦我们不再像学生时期一样梦想成为摇滚明星，我们就会找一份"真正的"工作，每个月能固定给我们工资，让我们能带薪休假。然而今天，越来越多的人选择打零工为生，而不是做全职工作。乐观主义者认为，这能让无限的创意和未来有更多企业家。而反对者认为，这意味着一个反乌托邦的未来，失去了权利的工人不断寻找下一份计件工作。

当前这种"零工经济"依靠数字化而生，其前身是伊兰斯-奥代斯特网站等，通过那些网站，设计师和电脑程序师可以通过短期工作为生。但是零工经济并不仅仅是为自由职业者创造的新的数字化渠道，而是产生了一系列新的经济活动。100 多万"制造商"通过网络市场埃齐网店出售服装、珠宝和配饰。短期民宿平台空中食宿网站、"快乐停留"短租网站和爱家交换网站共拥有近百万"房东"。

这种小规模企业行为的爆发让人怀疑我们是否回到了 18 世纪的经济，正

如经济学家亚当·斯密在《国富论》中描述的是人们彼此进行个人商业活动的真正市场经济。一场不同的数字革命——科技革命是最近对等交换回归的部分原因。新的零工服务主要依赖于配备了电脑或 GPS 智能手机的人。另外，我们在脸书网站和领英网上获得的社会资本使信任半陌生的人变得更容易。

但是这些平台不仅仅是斯密所说的"无形的手"的替身。方便交换的这只手显然是可见的。定价的不是个体司机，而是优步公司。空中食宿网站对房东进行培训，以便他们更好地提供周到服务。埃齐网店让卖家可以进行团体建设。它们全都提供用户创造高质量的消费体验、反馈机制，它们更像打造品牌力量的机构。

因此，人们似乎创造了新的机构模式——对等网络平台，一种由机构内部组织经济活动的混合物或数字化推动的市场。几乎所有有才能的人都能通过埃齐网店成为兼职手工艺术品卖家，或者通过空中食宿网站成为兼职旅馆经营者。任何一个技术过关的司机都能通过加入优步等公司成为商业交通供应商。

这些供应商并不需要全职工作，可以从学校接上孩子，然后变成优步司机。在零工经济中，工作和私生活之间的界线越来越模糊了。

做自己的老板的确有可取之处。如果有正确的精神状态的话，人们可以更好地达到工作和生活的平衡。不过稳定的固定工作时间、工资收入和公司提供的福利也有可取之处。如果不知道未来能挣多少钱的话，很难为生活做长期打算。

另外，开始新的生意通常都是孤注一掷的尝试，需要对风险有很大的承受能力。如果在涉足商业领域时通过少许兼职零工试水的话是有益的。这能降低成为企业家的门槛，或许会促进整体经济创新。

不过新一代专业劳动力平台也存在使社会不平等加剧的风险。通过现有的手机应用，供应商可以帮你购买并运送日用品、帮你停车、帮你拿饮料。风险在于，我们可能会发展出一个打零工者服务少数特权者的社会。

在很多国家，社保网络的一大块"蛋糕"属于政府全职员工或企业。尽管零工经济对社会的经济影响尚不完全清楚，但是毫无疑问我们需要重新考虑社会保障的供应，将它与领薪水的工作分开，让它更容易覆盖独立工作者。

☞零工经济将怎样重塑模式？

Faisal Hoque 是 BTM 商业技术管理公司的创始人、主席兼 CEO，曾经在通用电器和其他跨国公司担任过高级管理人员，是一位在世界范围内被大家所认知的企业家和学者。他在《在这个革命性、创造性以及可持续发展的时代，我们应该怎样转变？》一文中阐述了零工经济将怎样重塑模式的问题。

现在的年轻人都希望以和父母不同的方式工作，那怎样做呢？毫无疑问，自由职业已经成为一个风潮。自由职业者可以将自己的工作时间按需分配给客户，而且双方能够共摊成本。这样可以让自由职业者们专精于某一个方面，客户解决某个问题将会去找那个专精于此的人，而不再去找那些提供"一揽子"解决方案的大公司。

到目前为止，小公司更加感受到了这种变化。很多大公司已经和自己的合作伙伴签订了合同。而且，小规模的商业模式，特别是自由职业者的这股风潮，已经席卷了全球的劳动力市场。

Faisal Hoque 希望更多人加入零工经济。他认为，全球的各个公司无论大小，对于劳动力市场的控制力都在下降。随着零工经济的兴起，越来越多的这些自由职业者也加剧了劳动力市场的变化。薪资已经不再是人们工作的第一推动力，那么在这种新的经济环境中，公司应该怎样生存呢？很多公司将会使用这种组织略为松散的自由职业者团队来替代原来集团中组织严密的项目组。正像普华永道的调查研究显示，这种略显松散的自由职业者团队要比

大公司中组织严密的项目组更有效率。

文章最后说："'零工经济'的不断增长促进了全球化商业模式的增加，同时，'自由职业'似乎是人们更乐于接受的一种工作方式。从这个角度来说，'零工经济'是双赢。"

第三章　降低人力成本：零工经济解决共享经济的最大痛点

共享经济与零工经济在某种程度上属于共生关系，共享经济是硬件、产品相关资源的激活与运用，可以发挥其最大价值；零工经济是除硬件和产品之外，以人为中心的，成本最低、效率最高的配套服务模式。只有共享经济和零工经济结合，才能形成完美闭环。从趋势来看，一切非物质消耗品都可电子化，一切电子化产品都将云端化，一切云端化产品都将服务化，而线下服务的接口就是基于零工经济。零工经济的平台化、契约关系及其信誉口碑评价体系，更有助于把线下散乱的非标服务标准化，从而在不久的未来诞生出一些信任度较高的服务品牌。

压倒共享经济的稻草：运营成本

近年来，虽然共享经济异常火爆，受到了资本和市场及政府的多重青睐。可是即使在这样的风口，倒闭和跑路的共享经济公司也不在少数，比如共享单车、共享充电宝，甚至是共享汽车都出现了"跑路"的情况，不仅葬送了企业自己的商业前途，也给消费者带来了一定的经济损失。那么，为什么在"猪"都可以上天的风口，却仍有企业掉下来呢？如何补上共享经济的最后一块短板，形成真正的商业模式闭环？

☞共享单车"哀鸿遍野"

共享单车行业曾是创业的大风口，全国三十多家创业公司同台作战，一时间资本疯狂涌入，大街小巷满是自行车。小黄、小橙、小红、小蓝……有人惊呼共享单车品牌有太多颜色了。在北京、深圳、上海以及南京、长沙等许多一、二线城市，共有十多个品牌的共享单车在同时运营，很多用户为了方便骑行便对多个品牌充值，有人最多充值了 11 个品牌的共享单车。

自 2016 年初 ofo 从校园走到社会开始，共享单车的疯狂投放，疯狂扩张之路已经走了两年多。

共享单车疯狂发展，依靠的主要是资本力量。通过购买单车，投放到市场，然后用户缴纳押金骑车。由于竞争激烈，各家单车公司基本都采取免费骑行策略。更为麻烦的是，除去用户在使用车辆中的不爱护导致车损严重，随意放置于路边等公共地带为市民交通出行带来困扰，同时社区占道也使共享单车成为居民投诉热点，处理乱放的共享单车也加重了城管、环卫工作人员的负担，这也进一步加重了共享单车营运方的移车成本，因为要一天到晚不间断地把车从高频放置低频使用的地点移送到高频使用的地点，还要把违规放置的共享单车移送到允许放置单车的公共地带……这些营运成本加在一起，使得共享单车作为共享经济的代表，其商业模式从一开始就饱受质疑。

即使是每次骑行只需 1 元，共享单车也很难依靠骑行费在较短的时间内收回成本。所以共享单车的盈利模式到底是什么？可能是与其他企业合作推广？政府买单？垄断后骑行费提高？至今没有企业能给出准确答案。

为了规范发展共享单车，交通委等多部委联合下发了《指导意见》。这份指导意见明确要求，共享单车企业要将用户押金、充值金额单独设置托管账户，在有资格做托管的银行开设托管账户。

此举不仅大大提升了共享单车的资金运作成本，同时还让共享单车依靠车辆押金获取营收的幻想破灭。监管政策出台无疑将刺破这个行业最后的泡沫，也让许多规模不大、资金实力弱的企业陷入危机中。

在上海提出暂停再投放共享单车后，北京、杭州、南京、西安等地也相继出台规定，要求暂停投放新车。这也意味着共享单车的疯狂告一段落。

此外，许多城市都出台规定，要求共享单车企业设计电子围栏、智能锁，并对违规停放的单车企业实施罚款。而且还责令共享单车企业配备足够的运营人员，及时清理车辆淤积，并提出"不妨碍公平竞争、不占用公共利益"等行政规定。这都意味着共享单车的规模在主要市场出现萎缩。

在外卖行业，饿了么合并了百度外卖；在打车行业，滴滴合并了快的、优步；在 O2O 行业，美团收购了大众点评；在信息分类行业，58 同城收购了赶集网。因此很多共享单车创业者也想着自己最差也会被行业里的领军者收购，这样投资人、创业者都将获得不错的回报。这是他们疯狂投资买车，投放车辆的重要动力。

然而在阿里巴巴投资 ofo、腾讯投资摩拜之下，这两家单车企业占据了市场 80%~90% 的市场份额，而它们却并无任何收购其他共享单车的计划。之所以不收购，原因在于共享单车这种依靠车辆投放产生用户的生意，没有收购的价值。这时，那些无巨头入股，又面临完全同质化竞争的其他共享单车品牌的投资人、创业者都急了。

一旦投资人不再注入资金，共享单车企业便会轰然倒掉，这是一种必然。

☞监管越来越严，人力成本应声上涨

经过了野蛮扩张之后，共享单车的数量已经趋于饱和，它们占据了城市的各个角落。据权威机构预测，共享单车用户规模将达 5000 万。统计数据表明，目前，中国共享单车市场中 ofo 和摩拜两家企业优势比较明显，其中，ofo 单车投放量最多，达到 80 万台，市场占有率 51.2%；摩拜单车 60 万台，市场占有率 40.1%。数量如此之大的共享单车必然带来大量的运营管理问题。为此，企业不得不付出更高的人力维护成本。

2017 年 5 月 7 日，中国自行车协会在上海召开共享单车专业委员会成立大会，宣布成立中国自行车协会共享单车专业委员会，这标志着共享单车被正式纳入国家自行车行业协会。

根据规则，共享单车专业委员会具有四项工作宗旨：①引导实体经济与虚拟经济相结合、传统产业与互联网产业相结合；②引导企业深化供给侧结构性改革；③建立和完善行业自律机制，维护成员的合法权益；④协助政府部门加强行业管理，共同促进共享单车有序发展。

另外，专业委员会还将参与制定《共享单车团体标准》和试点，并推动相关强制性标准制定。天津富士达集团有限公司董事长辛建生当选专业委员会的主任委员，中国自行车协会、上海永久、天津飞鸽、摩拜、ofo 等行业协会、企业代表入选副主任委员。

2017 年 4 月 27 日，《上海市规范发展共享自行车指导意见（试行）》（以下简称《征求意见稿》）向社会征求意见。

《征求意见稿》对于各方责任、车辆投放、押金管理、信用信息互通共享等方面均做了明确要求，并和北京一样明确提出，不发展共享电动自行车。

《征求意见稿》明确，用户的押金及预存金将由中国人民银行上海分行会同相关部门监管；企业不得将用户个人信息等数据公开或擅自泄露；加强企业之间信用信息的互通共享，共同加强对用户失信行为的约束。

中国消费者协会组织摩拜、ofo、小蓝、由你、永安行 5 家共享单车公司对话，共同探讨保障消费者合法权益，确保用车安全的途径、方法。这 5 家公司均表示，用户押金将统一存放在银行，进行第三方资金监管。押金和充值余额均可退。

2017 年 4 月 20 日，郑州市公共交通总公司联合研发的共享单车管理平台"单车之家"正式推出，为破解共享单车乱停乱放问题提供了一个新方案。利用可伸缩信号覆盖技术等科技手段，为共享单车开辟专用的停车场所。

"单车之家"利用信号控制设备圈定一个"电子围栏"，形成一处眼睛看不到、但信号可清晰监控的虚拟停车区，用户可通过配套手机客户端查找附近虚拟停车区的具体位置，规范用户在固定地点借车和还车。按照系统设计，用户在虚拟停车区以外能够锁车但不停止计费，以此培养用户在规定区域内停车的习惯。

"单车之家"支持手机扫码和公交 IC 卡存取车双模式，使用一张 IC 卡即可完成单车和公交、地铁等公共交通的联乘，将极大方便市民出行。同时，"单车之家"也是一个共享平台，支持各品牌共享单车兼容共存，平台可以对接入系统的单车进行集中管理，根据公交客流数据统一调配单车投放，提高单车利用率。

2017 年 4 月 21 日，《北京市鼓励规范发展共享自行车的指导意见（试行）》公开征求意见。意见明确承租人须年满 12 周岁，企业建立健全承租人使用车辆信用积分制度。涉及恶意破坏、盗窃等违法行为信息由公安部门纳入个人征信系统。规范企业经营行为，涉及违法经营的企业信息由工商部门纳入企业征信系统。

为保障承租人资金安全，企业须在北京开立资金专用账户；公示押金退还时限，及时退还承租人资金；中国人民银行营业管理部加强对企业资金专用账户管理，防控承租人资金风险。

企业需负责提供自行车租赁服务和管理，根据各区发展规划制订车辆投放计划；定期检测车辆，及时退出不符合质量标准的车辆；建立车辆管理维护机制，做好现场停放秩序管理和车辆运营调度，及时清理违规停放车辆；加强信息平台建设，提供相关共享信息数据，保证网络信息与承租人资金安全；管理约束承租人行为，处理用户投诉，接受政府的服务监督。

2017 年 9 月，杭州市互联网自行车规范管理工作领导小组办公室发布了《杭州市促进互联网租赁自行车规范发展的指导意见（试行）》的征求意见稿（以下简称《意见稿》）。

在《意见稿》中，这批依托互联网实现租借、盈利的共享单车，被官方定名为"互联网租赁自行车"，简称"互联网自行车"。《意见稿》提出了政府监管平台、平台规范用户行为的管理逻辑；杭州的职能部门将引导平台控制投放总量；平台必须按"每 80 辆车配一名运维人员"的标准投入维护力量等规定。

☞四大措施规范共享单车游戏规则

关键词：分级管理

针对无序停放，《意见稿》提出了"政府管理平台、平台管理车辆"的分级管理模式。结合杭州 2017 年 4 月 25 日发布的《"五一"期间非机动车管理事项》，城管委已经给出了一个整治乱停放的办法：出现乱停放后，要求平台在十分钟内响应，派出工作人员赴现场处理。如果逾期未处理的，涉事车辆将被统一搬离或者暂扣。

关键词：专人维护

而在平台方面，各企业被要求做到"利用信息技术优势加强对车辆停放的管理，配备维保人员做好对车辆技术质量的管理"等事项。根据杭州公共自行车的管理模式，对自行车与维护人员的数量做了匹配，考虑到互联网自行车的不固定性，给出了每80辆车配1人维护的规定。《意见稿》明确，维护人员必须是全职的，除了要做好车辆本身的维护工作外，还要负责车辆有序停放。

关键词：强制更新

《意见稿》中对互联网自行车做了几项规定：必须具备定位功能，且能被精确查找；车身不得有广告；投放的车辆至多使用三年，必须被强制更新。《意见稿》还要求企业根据车辆投放的规模，配套相应的停放区和调度场地。从规范硬件入手，避免车辆无处停放的情况。

关键词：总量调节

《意见稿》明确，杭州对互联网自行车的管理将"不实行总量控制、发挥市场资源配置作用，由市场调节运力（投放）"，但政府部门依然会引导投放总量：首先，主管部门会通过对运力的动态监测（供需关系），对企业进行投放指导。其次，城管委目前已经在编制、实施城市非机动车停放区域设置导则，划定停车泊位。

可是火爆校园的小黄车，公共道路上的摩拜单车，除了在缓解交通压力、疏导交通流向方面做出贡献外，一直秉持着"占地为王"的原则，乱停乱放、随意摆放，影响着城市的美观。随后，政府便相继出台了共享单车管理条例。条例的出台无疑增加了共享单车企业的运营和维护成本，如果没有合理的用工机制，人力成本无疑将会成为共享单车企业巨大的负担，甚至让其经营难以为继。那么有没有什么办法可以解决这个问题呢？

☞解决之道：建立共享单车与零工经济的交叉点

共享经济使得我们的资源使用方式发生改变，这是大趋势。过去我们需要购买、维护的很多商品现在都可以不用自己购买，而是依托于互联网平台，通过与别人共享的方式降低我们的消费成本。从根本上，这是产权和使用权的剥离，使很多本身已经具备公共资源属性的生活类消费通过互联网平台共享的方式按需进行分配。

但是，也有很多共享资源本身是需要配套服务与维护服务的，这就导致类似于共享单车一样，如果是平台方组织提供相关配套服务和维护服务，势必导致高昂的运营成本，而作为共享资源的商品产权所有方，投入共享经济所能产生的收益与回报也可能是遥遥无期。

所以，在目前的共享模式运作的品牌中，迫切需要有配套服务与维护服务的轻资产解决方案，这便是共享经济和零工经济的交叉点，只有由共享经济和零工经济交叉形成的软硬件配套体系成熟，共享经济的项目才可能有生存能力和竞争力。

共享空调：共享经济与零工经济的合体

在我们的研究中发现，共享经济主要是资源和产品的共享，产品的共享项目目前已经风靡全球，经过这么长时间的发展，共享经济在模式上已经趋于成熟，然而其盈利能力却不见有所突破。究其原因，与产品配套的运营和服务成本居高不下，成为制约共享经济进一步发展的瓶颈。解决之道必须是如何做好产品之外的服务资源的低成本整合，而零工经济就是除了硬件和产品之外，以人为中心的，成本最低、效率最佳的配套服务模式。那么零工经济和共享经济如何才能完美结合呢？最近异军突起的共享空调也先于共享类项目展开了有益的尝试，并获得了初步的成功。

☞共享空调横空出世

纵观中国家电业商业模式的变迁，总共可以分为四个阶段：20 世纪 90 年代，以代理商为核心，制造商缺乏对网络建设的掌控，依托大代理商、省级代理商进入市场；20 世纪 90 年代末到 2000 年以后，商超、家电进入连锁扩张时代，品牌商直接与连锁进行合作，依靠连锁销售规模和推广能力，快速将产品进入全国市场；2009~2015 年是从 PC 互联网模式到移动互联网模式并存的快速发展时代，品牌商通过电商平台，建立与消费者的直接沟通；2016 年以后，随着共享经济时代来临，物联网技术和人工智能技术崛起，制造商与用户通过大数据的物联网平台进行直接的需求沟通，以点对点的链接和支付系统建立需求关系。

从 2013 年美博发力中国市场，至 2017 年实现销售接近百万套的规模，成为中国空调市场的一匹黑马，高速的成长源自强势的品牌运营，更有赖于内在的共享经济的基因。美博定位美式轻奢空调，轻奢的英文是"Affordable Luxury"，直译过来就是可负担得起的奢侈，在发端于美国的共享经济席卷全球之际，美博也借势发起共享空调，让更多的人都能够负担得起、享受得到美式轻奢生活。广东美博制冷设备有限公司（简称 MBO 美博）在业内率先提出共享空调的概念，并在 2017 年 8 月 8 日全球首发美博共享空调 1.0 公测版。

作为本身具备雄厚研发、生产能力的实体品牌企业，拥有成熟的家电行业智造技术和方案，这使得美博进入共享经济领域有着得天独厚的先发优势，也为美博在共享经济领域提供了从硬件到软件的完善供应链支持，作为全球最早提出共享空调模式的品牌，美博早在 2017 年 8 月便提出了较为完整的共享空调解决方案，目前也已经开始全球投入共享空调的测试当中。据了解，共享空调采用根据不同产品"押金按时收费"的模式，2017 年年底上市时，其制定的策略是：每台空调押金 900 元起，按照每小时 1 元价格收费，电费用户自理。按照一年使用 5 个月，每个月 20 天每天 6 小时来计算，一台空调回本需要 5 年的时间。而使用方面需要下载共享空调 APP，注册下单之后，美博会第一时间安排共享系统平台的服务团队上门安装，消费者享有租、续、退三个操作，开机时只要扫空调二维码进行充值即可。而这种共享空调属于短期租赁产品，随时可以退，设计也围绕共享概念，安装使用都非常简化。

目前，共享空调消费用户定位不是豪宅、别墅类业主用户，而是针对目前"90 后"的白领上班族群体，这类群体中一大半初入职场，本身收入不高，职业稳定性不强，一般都是以出租屋为居所，经常搬家是一种常态，搬家中对于空调这种生活必须又很难搬动的家电、生活用品，如果采用房东和美博空调合作的方式，便能起到一举三得的效果，房东降低了家电购置成本，租户降低了生活使用与维护成本，共享空调的平台方也从产品生产智造商转型为平台服务商。

　　据了解，美博共享空调采用物联网、大数据等新技术手段，可实现"押金+按时收费"可循环的盈利模式，将为家电业创新商业模式探索出一条新路。而随着全国 12 座城市和住建部表态实施推动"租售同权"，未来租赁市场将迎来爆发式增长，这也将为共享空调提供广阔的市场前景。在美博共享空调的蓝图中，其 APP 1.0 版本链接的只是美博空调、美博空调城市服务商和消费者；其 2.0 版本将会打通所有品牌、城市服务商和消费者实现互通；3.0 版本则可引入用户闲置资源，实现用户的空调可通过服务商实现共享给注册用户。

　　"共享空调未来注定将不会靠卖产品来实现盈利，而是靠产品这个纽带联络资本快速找到用户。我们将基于庞大的用户群体，让未来的资本方、服务商和消费者分享利益，我们所做的工作是在通过'共享'方式创造一种服务行业的商业模式。"

　　美博空调营销总经理甘建国认为："当前我们的首要任务是发展用户，发展城市服务商。美博共享空调 1.0 公测版就是面向资本市场的'敲门砖'，吸引资本关注是做大做强的重要一环，引入资本便能释放更多资源做大'共享用户'群体，梦想便会照进现实。"就这一目标而言，未来的美博"共享空调"更应该是一家互联网公司或互联网平台而不是一家传统的空调制造企业。

　　共享家电的本质不是追求家电用户新群体的拓展和家电零售新平台的打造，而是在现有的家电模式之外，找到一条家电产品所有权和使用权分离后的经济新模式，变购买家电产品到购买家电服务，为家电产品提供的服务付费。美博提出的共享空调的概念契合的正是这一观点，其"共享"的核心在于共享更好的服务和更便宜、更方便省心的使用。

　　有媒体认为，以家庭为核心的空调产品试图玩转针对个人消费方式的共享模式，难以跳出小众化的范畴。列举的阻碍因素多为产品使用属性、安拆装服务、押金风险及押金过高等。但这些基于当前共享经济表象矛盾的判断，都是对新兴商业模式缺乏足够的信心，同时对共享空调的"共享"理念理解存在误区。

"美博共享空调关注的是用户使用体验和如何增强用户黏性，传统空调的商业模式更多关注的是做好产品、做有价格竞争力的产品及厂商相应的利润分配，即传统的卖、租。"而对于押金成本及风险甘建国解释说："美博共享空调一台空调对应一份押金，点对点收取，和共享单车一车多押金有本质区别，不会过度依赖押金运作。同时不同于共享单车的流动性，共享空调有一定的固定归属性，押金风险可控。在未来共享空调发展到较大规模后，使用者的押金会越来越低甚至会取消转而嫁接信用平台。"

"'90后'正逐渐成为消费市场新力军，观念比较超前，更容易接受新事物。"甘建国分析认为，面对"租售同权"的政策变化，处于事业不稳定期的"90后"或将带动租房市场以及租赁经济的火爆，而以共享空调为代表的共享家电无疑更能满足"租房一族"的需求。

中怡康白电事业部总经理魏军则认为："从各类家电使用情况看，空调的共享空间是最大的，对一个家庭而言，空调投入大，但使用率很低，非常符合共享的特征。"魏军预计未来五年左右，共享空调规模可能超过百亿元。

☞零工经济彻底激活生产力

《CEO说》系中国营销创新联盟、孤独者粘盟社群、《执行官》杂志2017年推出的主题"中国智造之星100"项目的系列访谈栏目。2017年10月，笔者受邀出席了访谈。在访谈中，笔者就指出，共享经济是移动互联网时代带来的资源二次激活，包括闲置资源、服务等，这些带来了共享经济、零工经济的兴起。共享经济本身不是资本的游戏，而是互联网的必然产物，但共享经济的一些延伸产品却成为资本游戏，圈钱游戏也只是部分现象。无论是共享经济还是零工经济，都是上一轮的全球经济危机结合移动互联网时代而倒逼出来的，需要我们更加节约、充分利用资源，避免人工浪费，零工经济能够解决日益高昂的用工成本，因此产生了这样的临时契约关系，共享经济和零工经济是一对"双胞胎兄弟"，共享经济解决的是产品的剩余价值，零工经济解决的是人的剩余价值。

目前来看，制约共享经济盈利能力的主要还是人工成本。既然零工经济可以解放人的剩余价值，那么有没有办法让零工经济和共享经济强强联合呢？在这方面，共享单车和共享空调又是怎么解决的呢？

据了解，城市早晚高峰的共享单车"潮汐"现象比较明显，导致局部车辆供需失衡。摩拜单车通过"技术+游戏"的方式，激励用户以骑行红包车的方式完成任务、获得奖励，同时帮助调配车辆，动态平衡不同时间、不同地域的车辆供给，提升用户体验。摩拜单车发出的"官方指南"显示，在地铁站、商圈等人流密集区，获得大红包的概率更大。用户主动将车辆骑行到地铁站、商圈等用车热门区域，不仅让单车平台节省线下运维成本，还提高了单车周转率。

这种运营调控，相当于在共享经济的基础上，实现了零工经济的转变。让消费用户也成了运营用户，从而在体验产品的基础上，也获取个人利益的增值。实现产品与用户双赢的局面。

共享空调采用"押金+按时收费"模式，采用物联网、大数据等新技术手段，将实现"押金+按时收费"可循环的盈利模式。与传统的租赁不同，共享经济的模式就是要应用新科技手段。相比较传统的空调模式，空调产品植入了物联网科技，使厂家直接可以与消费者链接，并通过大数据技术掌握用户使用空调的状态。

具体而言，从用户端来看，消费者只需要下载共享智能空调的 APP，并实名注册便可以成为潜在客户。只要发布需求，距离最近的美博空调线下服务商接到 APP 的订单后，就会根据订单的信息，进行送货上门安装。

消费者通过支付宝支付一定押金之后（信誉良好的还可以免押金），会有租、续、退三个通道，开机只需要扫描二维码充值即可，整个应用流程相对简单。由于每台空调都应用 4G 技术，将芯片植入电脑板中，所以空调的后台能接收到所有的数据信息，同时也具备联网的功能。物联网作用：利用大数据技术，除了可以监测用户的使用时长等情况，还具备异常提醒和故障预警功能，一旦用户的共享空调出现故障，APP 会及时将相应信息推送给用户。共享空调的商业模式是能够循环运作的，共享空调与现在很火的共享单车不一样，初期不单单依靠资本做驱动，采用"押金+按时收费"的模式。

共享空调最先瞄准的是新时代的人群，从人群年龄上来说，"90 后"可能是主力军。据了解，共享空调的企业会在 2017 年 11 月 18 日开始投放 500 套，首批将在微信公众号中报名抽取 500 名用户，每人限一套。广州是首个试点投放城市，随后按照市场情况，陆续开放中心城市。

为什么主力人群会瞄准"90 后"呢？实际上作为一种全新的商业模式，其面向的市场主体除了传统的租赁的单位宿舍、高校、酒店等大型的公共场所，它还瞄准的是"90后"年轻人。我们先来看一个数据，中国"80后"约为2.28亿人，"90后"为1.74亿人，"00后"为1.46亿人。其中，"90后"正逐渐步入社会成为消费市场新力军。"90后"普遍观念比较超前，接受新事物比较容易，实际上他们对于共享经济这一模式，大部分人乐于去尝试。按照"90后"人群每2人组建一个新家庭，每个家庭3套空调计算，有2.6亿套的空调市场需求。当然并不是说"80后""70后"这些就是思想古老，跟不上潮流，而是在成长过程中，他们已经有一些比较传统的观念，通过"90后"的这一波带动，才能够令整个共享经济市场更加活跃，从而带动更多人去接受尝试。

第四章　企业用人：零工经济下的企业人力资源

零工经济不同于传统雇佣模式，对于这些相对自由程度较高的人员管理模式也引起了越来越多的关注。零工经济这种模式在员工保障和用工的合法化存在着不可避免的短板，因此，新雇佣形式下的企业人力资源管理部门应该特别关注和把握好非合同制、劳资关系、雇佣制这三个零工经济下的新触点，探索企业与多方利益相关者的平衡点。一个基本的原则应该是，对于参与零工经济的人员管理采取强制的规定绝对不是一种好的办法，而通过激励手段引导其行为才更加有效。

非合同制：灵活而高效的公司"独立员工"

零工经济时代，一些公司为了开展短期项目，雇用一些非合同制的"独立员工"，他们的业务能力更强、更加专注，而且不需要缴纳各种保险，灵活又高效。

☞非合同制及其非合同工

非合同制是与合同制相对应的说法，两者不同用人制度下的人员称为非合同工或合同工。在企业里合同工等于正式工。在政府单位，合同工没有国家编制，正式工有国家编制。企业的合同工，即企业通过签订合同招收的短期性工人。合同一般采取书面形式，内容包括任务、时限及共同遵守的各项义务等。

1986年中国用工制度改革以后招收的各类工人一般都是合同工。1986年7月12日，国务院发布《国营企业招用工人暂行规定》和《国营企业实行劳动合同制暂行规定》，指出企业在国家劳动工资计划指标内招用常年性工作岗位上的工人，除国家另有特别规定者外，统一实行劳动合同制。

企业招用合同工采取自愿报名、公开招收、德智体全面考核、择优录用的原则。合同工与所在单位固定工享有同等的劳动、学习、工作、参加企业民主管理、获得政治荣誉和物质鼓励等权利。国家对劳动合同制工人退休养老实行社会保险制度。退休养老基金由企业和劳动合同制工人缴纳，退休养老金不敷使用时，国家给予适当补助。实行合同工制的根本目的在于，打破"大锅饭""铁饭碗"，真正实行各尽所能、按劳分配，充分调动劳动者的生产积极性，提高企业劳动者的素质。

企业的非合同工（或非正式工），是指人事档案入人才外服公司或"皮包公司"，劳动者与人才公司（或皮包公司）签订合同，而用人单位与人才外服公司签订合同，辞退员工时需按照合同规定给予补偿，工资标准由用人单位支付与正式工区别对待。

☞零工经济下的企业非合同制用工

2016 年 10 月，网约车获得"合法身份"，这一消息一经公布就引起社会的高度关注。对于私家车而言，要想获取合法身份虽然还需要满足一些条件，但兼职司机进入出租车市场的通道已被打开。新政在对网约车平台、车辆实行许可管理和驾驶员的基础上，取消了 8 年报废的规定，改以行驶里程达到 60 万千米时报废，更符合以兼职为主的网约车这一新事物的发展，据了解，网约车 75% 的司机都是兼职的。

放眼四望，如今社会，各种"临时职位"日渐普遍。以前有句话叫"我是社会主义一块砖，哪里需要往哪里搬"，现在看来这句话正在实现。有餐厅老板在微博上说，他们有一位顾客，经常会在接孙子放学的路上，挣一点外快，帮他们餐厅捎几个外卖订单。也有兼职的滴滴司机或者外卖小哥，甚至上班族抽空做微商……《人民日报》报道，国内微商的从业人数已经超过千万，市场规模超过 900 亿元。其中不少人是白天晚上两头忙的上班族。

张女士成为一名培训讲师已有4年时间了，主要工作是给银行和保险企业职员办培训班。现在的她开始忙里偷闲做微商。她代理的产品刚上市，知名度还不高，为了推广面膜，张女士一边将使用效果一一推送给微博和微信朋友圈里的好友们，一边坚持自己使用。目前她有4个微信号，加在一起，有3000多位潜在客户。此外，她还申请当一个手机电台APP的主播，在下班之后，为了增加销量，给网友分享自己使用这款面膜的经验。张女士说，她一个月的面膜能卖出100多套，净利润大约2000元。收益过得去，而且零工经济占用的时间不多。张女士就是顺应零工经济的一员，代表了一种新的职场生活趋势。

很多职场人早已对打卡上班的生活感到厌倦，每天朝九晚五的节奏让他们丧失创造力和积极性，于是一部分人开始找点"临时的事"充实一下自己。比如上门搬家、上门美甲、编辑离开媒体、送外卖、司机离开出租车公司、会计离开会计事务所、律师离开律师事务所……他们越来越钟情于独立地服务某个精准的个人或机构。

"独立员工"综合能力考量

一般而言，"独立员工"生产产品的智力含金量比较高，具有一定的不可替代性。王小波小说杂文的独特性只有他才能写得出。正因为这些人有那么一些特殊的技能，所以社会才给予奖赏。同样地，"独立员工"也需要一种高技能、高智力。具体来说，人力资源考察"独立员工"要关注以下几个方面：

一是考察个人专长。大部分"独立员工"有可独立发挥的专长，比如撰稿、摄影、平面设计、咨询等，他们都有特定的专业能力，并且这种专长的发挥可以独立执业，不需要特别大的团队支持。"独立员工"与企业大多数采取项目合作的形式，因此企业人力资源要对他们的专业水平有高要求。

二是考察客户关系基础。仅有强大的专业力是不够的，无数作家、歌手、演员等，他们的核心竞争力之一就是在业内的关系，甚至是大众知名度。一个没有任何名气的业内高手，他可能在证明自己的天才之前就转行了，这样的事情经常发生。所以在招"独立员工"之前，人力资源要看看他们是否具备自身营销能力或者有一定的客户关系基础。客户关系基础是人力资源必须在意的一个维度。

三是考察人际交往能力。有时"独立员工"的工作处于一种封闭状态，没有团队的协作，没有多少与人交流的机会，这时特别容易产生各种心理问题。因此，还需考察他们的人际交往能力，尤其是在招进来后，要安排他们参与一些其他社会组织、行业组织、兴趣俱乐部等，定期与同行、同好接触，可以调节他们的生活，有助于他们发挥更大作用。

四是考察支配时间的能力。"独立员工"需要高度的自制力，对自控能力的要求远远高于一般上班族。假如他无法相对自由地支配工作时间，缺失自我调控的能力，就很容易陷入懒散无为而又无力自拔的怪圈。因此，需要对他们的人格成熟度和自我把控力有一个考量。

非合同制下的"独立员工"不是一份工作，而是一系列工作的表现形式而已。如果在个人专长、人际交往能力、客户关系基础、支配时间的能力这几个方面加以考量，相信会招到企业想要的人才。

对于使用数字化平台寻找短期和项目制工作的零工人员来说，首先，要警惕临时工作带来的不安全性，制订财务计划以预防未来的各种不确定性（如疾病、退休、怀孕、长期失业等）。其次，确保自己的在线简历中关于技能、学历和经验等方面的内容真实透明。最后，要增强法律意识，了解国家和各个地区的工资标准，当企业支付工资金额和支付方式不合规时，及时维护自己的权利，使用网站提供的在线"争议"系统处理与雇主产生的任何矛盾。此外，零工人员还要特别注意自己的在线评级情况，与雇主及时沟通，确保雇主给予自己积极的评价以便增加未来寻找其他短期工作的筹码。

雇佣制：以人为本的组织模式和工作方式

零工经济是一种以人为本的组织模式和工作方式，是人类第一次开始打破工业时代以来形成的"雇佣"模式。

☞新雇佣模式带来的挑战

多元化用工模式给企业人力资源管理带来了新的挑战，对于企业而言，最大的挑战在于改变人力资源管理的基本模式，即传统的企业与员工之间的雇佣关系正在被打破。

美国劳工联合会（简称"劳联"）《2016全球人力资本趋势》报告也显示，零工经济也为组织人力资源管理带来一系列挑战。组织如何更好地利用和整合外部雇员力量提升盈利率和组织效率？如何通过灵活用工的方式引入外部技能更高的员工？很多组织正在被这些挑战困扰。只有19%的受访高管表示所在组织充分了解关于临时雇员监管的劳动法规，11%的高管表示组织具有完善的临时雇员管理流程。这也表明，随着组织临时雇员的规模和范围不断扩大，未来组织需要采用更加审慎的方式进行管理。

　　大 V 媒体老王最早对"雇佣制"感兴趣的时候，留意到很多新媒体公司对员工的用工模式进行改进，将员工当作自由人，不再是单纯的雇佣。整个工作的框架已经从雇主与员工的商业交易转变为互惠互利，工作成了双向的对接——公司和个人相互投资，任职期间，员工也从合同上的非终身雇佣变成了公司的长期人脉，并且给公司带来员工非常高效的相关人脉情报。

　　目前来看，可预见的一段时期内主流用工模式依然是全日制，但是灵活用工的新的"雇佣"模式将逐步成为重要的补充用工形式。专业人士建议企业在采用多元化用工模式时，首先，需要熟悉用工的发展趋势、法律法规政策，否则企业会比较被动；其次，企业需要分析岗位构成，对不同职位的职责进行标准化，从而对相关岗位进行合并以及进行一人多岗的分配；最后，善于利用信息技术，这是企业未来发展的关键支撑。劳动力的核算与分配都要靠信息技术，只有通过精密的信息化、科学劳动力管理方案，才能最大化地利用有限的劳动力资源。

☞企业的用工逻辑："优步化"用工

《纽约时报》称，未来我们很可能会像优步公司的司机一样接单工作。"优步化"最大的好处是，技术会让我们的工作生活更有弹性，让我们根据自己的时间来安排多个工作或一个，而不是根据工作来安排自己的时间。但是这种工作方式的崛起可能会让收入更难预测，也会让长期雇佣更没有保障。

所谓"优步化"，是指将现有工作和服务转化为互相独立的任务，并在需要时将之分配出去；效仿优步打车服务或采用优步的商业模式。

从日常琐事如买杂货和洗衣服，到更高端的产品如法律服务甚至医药行业，许多不同行业的公司都在效仿优步的商业模式。很多业界观察家认为这种集合了移动支付、实时数据、即时满足和动态定价的"优步化"现象是科技驱动的经济变革的开始，这种随需应变的变革将使整个经济"优步化"。

北大纵横合伙人朱宁认为，在"碎片化用工"时代，企业的用工逻辑可以用一个公式来表达：劳动力供给=劳动者人数×劳动时间=（全职雇佣的劳动者+非全职雇佣的劳动者）×（8小时工作时间+加班+碎片时间）。朱宁认为，在"碎片化用工"时代，劳动者并不局限于企业的员工，却是可以为企业所用的人。在互联网思维的冲击下，企业的边界正在被打破，企业也正在更多地使用那些交易成本更低的兼职、项目制等形式的"临时工"。最典型的像传媒业、互联网等知识密集的行业，通过雇用外部人才、专家，或者建立临时的项目组，可用更低的成本创造更高的绩效价值。因此，企业人力资源管理需要善于利用碎片化的资源，让个体和企业之间能够低成本高效率地大规模协作。

劳资关系：一种皆大欢喜的转变

零工经济下的劳资双方似乎开始断裂了，项目越发趋向"短平快"，支付报酬越来越跟结果挂钩，自由职业者越来越多。这对于劳资双方来说，是一种皆大欢喜的转变。

☞零工经济下的劳资关系不是"零和博弈"

传统劳资关系可以看作一种二元制，即劳动者和资本方基本处于"对立"的关系。因为每当劳动者多拿一份工资，资本方就必定要多付出一份钱。而零工经济时代，就不再存在这种所谓的"零和博弈"。它会有无数个"被服务者"和无数个"供应商"，每一种建立起关系的双方之间都是"价值提供"和"价值反馈"的关系。

参与零工经济可以使就业者在不同的平台间选择和流动转换，增加收入、身兼多职、提高技能、实现自我。根据滴滴出行平台提供的数据，加入到平台的司机中，以兼职为主，加入平台后实现收入增长的占96.5%，认为平台创造了新的生活社交场景的占10%。去中心化的就业模式打破了雇主对就业者的直接控制，使就业者市场直接对接并从市场中直接获得报酬。传统模式中利益相关者的角色和身份模糊化了。这样的就业模式可以减少劳资双方的矛盾和冲突，转移劳资矛盾爆发的焦点。

☞零工经济下的劳资关系新难题

零工经济的新就业形态在缓解劳资矛盾的同时可能增加个体所面临的市场风险。这样的就业模式增大了个体就业者所面临的市场风险，包括需求变动冲击、收入不稳定、价格变动冲击、无就业保护等。20 世纪 70 年代以来随着全球化的发展、雇佣管制放松、工会势力减弱，发达国家产生了一个较低工资、较灵活和较少组织化的工人阶级，导致收入分配不平等加剧，中产阶级收入停滞不前，社会矛盾加剧。一项研究显示，在英国，由于人们选择打零工，不从事登记注册的全职工作，政府每年损失税收约 40 亿英镑。

对于参与零工经济的自由职业者来说，社会保障以及不稳定的收入的缺失是令许多人踟蹰不前的绊脚石。此外，对于收税人来说，零工经济也意味着应课税和可追溯收入的减少。有专家表示，这也将给人力资源管理者造成新的难题，迫使他们不得不考虑诸如忠诚度、保密、竞争和公司文化之类的问题。

第五章 灵活应对：零工经济下企业人力资源部门要更具敏捷性

零工经济时代，传统的雇主和雇员关系开始变得模糊，企业必须更具灵活性，以快速适应变化的劳动力市场，及时应对劳动力市场中劳动力短缺和技能缺口的问题。这一现实问题向企业人力资源部门提出了挑战，人力资源部门的传统职能如制定企业劳动力市场战略和监督雇佣关系等将要从根本上发生转变。洞察是行动的基础，要想在这种变化里立足，组织机构就必须重新理解这些改变是如何影响他们的市场和劳动力的。人力资源管理面对发展组织文化、多元化劳动力队伍、变革绩效管理问题等，要更具敏捷性和灵活性，为探索新型雇佣关系管理做出努力。

员工变身自由职业者，企业该如何面对新雇佣时代

零工经济时代工作者的范畴早已突破正式员工和外包员工等概念，工作不再仅仅由企业内部员工来负责，而是通过多元化的主体和方式来完成。这将深刻影响企业竞争和目标实现的方式，组织的边界将进一步被打破，成为覆盖人群更广的任务平台，IBM、亚马逊早已成为这股浪潮的先行者。而管理者也需要思考，如何在这种新形势下，选择更适合和管理更灵活机动的自由职业者，以及更适合企业发展的工作模式。

☞企业骨干纷纷变身自由职业者

来看下面这些例子——

亚马逊：汇聚全球工作者

"土耳其机器人"被誉为亚马逊史上"最奇怪的生意"。为了解决自身内部数据处理问题，亚马逊着手开发新平台。它发现，有些工作任务（如复制网页）对计算机分析来说非常困难，但是使用人力操作却相对简单，因此它决定把类似工作分为大量的小件任务，分配给低成本的网络人工来解决。土耳其机器人有两种参与者，"工作者"负责完成任务，"请求者"发布工作并设定任务报酬。看似通过人工智能的终端进行的问答背后却是在用人力解决问题。

"请求者"为确保任务完成的质量，可以要求指定具有一定经验的"工作者"，"工作者"需通过任务测试，或者要求其"任务资质"的得分在50分以上。在"工作者"已往的任务中，有一半以上获得了付费客户的认可。同时还可以将同一任务发给多个"工作者"（如计算收据总额），如果两位得

出的数值相同，则可认定答案正确。很显然，如果让两位全职员工同时去做相同的工作，这是不现实的，会浪费不必要的管理资源和时间成本。

土耳其机器人很快在全球 200 个国家汇集了超过 50 万的自由工作者。对于一些年轻人来说，在 YouTube 上看一段搞笑视频的时间，不如有偿翻译一段阿拉伯文。而美国陆军研究实验室、美国在线和众多大学的研究机构都发现，在该平台上发布任务，其效率和质量比全职员工更高。

IBM：内外海选，节约管理成本

与亚马逊搭建服务于第三方工作者、客户的契约平台不同，IBM 选择从自身业务出发招募自由工作人才。"开放人才市场"原本是 IBM 依据员工的时间安排、个人技能和兴趣方向开发的一个内部人才平台，鼓励员工独立承接从软件开发项目中分解出来的模块。2009 年该市场展开初步试验，2011 年扩大规模，IBM 每年通过此平台投入的工作量高达 1.2 万~1.5 万件。

在开放人才市场中，一些任务只对通过验证的自由工作者开放，另一些任务仅招募内部员工。项目经理首先把软件开发项目分解成多个短期任务（通常耗时 0.5~7 天），投入市场并发帖说明工作要求，随后应征者们通过作品海选展开角逐，让项目经理进行选择。为了促进项目开发的连续性，项目经理还需要向合作过的工作者进行推销，通知他们任务的后续开发计划。于是，当 IBM 再有新项目亟待开发时，其项目负责人不再需要深入数以万计的员工中，甄选出究竟谁有时间和能力可以胜任，而是把工作推给开放人才市场，企业内外的适宜人才就会被自动吸引过来。

巴帝电信：换个思路来做"外包"

财大气粗的跨国巨头可以灵活使用雇佣关系，初创公司也能利用这一模式迅速崛起。巴帝电信在印度各地收购了众多电信经营执照后，市场占有率扩大，同时发现自己并没有相应的人力资源，于是它选择"反向外包"，结合自己的本土优势，与 IBM、诺基亚、西门子和爱立信四家跨国企业合作，最终在短短 15 年时间内，成长为全球第二大电信服务商。

比如，巴帝电信与 IBM 签订了一项十年合作协议，合作范围涵盖软件、硬件和服务三个方面。IBM 为这三个领域提供所有产品，保证巴帝电信的顺利经营，并享有巴帝电信一定比例的营业收入。

巴帝电信的副董事长阿卡希尔·古帕塔表示，在实现共同经营后，"当一项工作任务在选择交给内部处理还是外部伙伴时，我们主要考虑谁的规模经济更大、谁的专业知识更好、谁能吸引到更好的人才"。巴帝电信信息技术部门的 220 名员全部被调派到 IBM 工作，所有愿意在两年内调回的员工都会受到公司的欢迎。

对于巴帝电信来说，有效的管理不再局限于企业内部，而是打破组织边界，实现一体化的激励手段和工作责任的妥善分配。

APP Makr：不再只是幻想，零全职岗位

APP Makr 是一家开发智能手机应用程序的小型公司，它对全职工作模式的脱离程度达到了极端——一名全职员工也没有。该公司联合创始人杰伊·夏皮罗表示："不同于传统的全职员工，服务于特定的项目，很多人来这里是因为有特定的技能。他们的工作时间有长有短，从几个月到几个小时不等，项目结束后大家各奔东西。这是一种全新的人力资源模式，不是岗位定位型，而是任务定位型。"

夏皮罗认为，如果采用混合工作模式，一部分为全职员工，另一部分为自由工作者，后者会产生被抛弃的不良感觉。但当所有的工作都采用反传统模式时，整个企业文化也会自动做出调适，领导者也更加方便管理——无需复杂的流程，只要掌握好项目承包人和自由工作者的通用绩效工具即可。

☞兼职平台为企业员工外延提供了便利

已经有很多所谓垂直 O2O 服务平台在发展这方面的业务，比如一米兼职、斗米兼职等，大部分是运用社会闲散劳动力和大学生群体提供兼职平台，为企业提供多元化的兼职服务解决方案。为何这个行业需要多元化？因为需求量市场成熟度不高、没有被完全释放，只能靠多元化尝试和生存；为何需求量没有被完全释放？为何市场成熟度不高？因为市场能提供专业服务的自由职业者不多，平台的推广和管理成本太高，以及内部专业人才缺乏导致没有能力去提供更专业化的服务，最后导致企业客户对自由职业者的服务认可度不高。这个行业的发展关键在于平台商怎么去平衡企业客户和自由职业者两端的健康发展，建议大家去多体验共享经济带来的服务，为自由职业者，为每个行业带来更多的宝贵建议，也为社会进步添砖加瓦。

杭州有一家公司叫"空格"，它所推出的S2C模式（S即service服务，C即consumption消费；线上服务带动线下消费）是以人为本，通过去渠道化的过程，搭建服务者与消费者沟通的桥梁，"空格"搭建的个人服务平台是现有O2O模式的全新变革。简单来说只要是由个人提供的服务就能上线空格，无论是陪逛街、陪吃饭，还是求人打扫做饭，都能在空格上实现。

个人服务者（自由职业者）不再需要通过门店被动地接受服务需求和扣点，完全可以通过"空格"APP平台随时、随地出售自己的技能和时间。据创始人唐永波介绍，"空格"将首先聚焦到支持非职业个人服务者创业，学生、白领、老人、蓝领以及社会弱势群体五类人群将是首批重点服务对象，未来会延展到职业服务者领域。仔细想想其野心不小，只能说每个创业者都怀着改变行业和世界的雄心去不断摸索和进步。至于平台商的市场定位是否正确没有标准答案，要看自己服务的服务提供者和消费者的具体情况分析。

阿里和京东在物流行业的众包服务也有许多新尝试。阿里的菜鸟网络推出了菜鸟裹裹。前期通过其寄快递一单补贴 10 元，基本等于免费寄快递了，菜鸟背后的野心在哪？快递员现在的市场众包已经逐渐成熟（达达、百度外卖、饿了么等），菜鸟是想通过让更多消费者使用菜鸟裹裹。京东到家与达达的合并，本质是京东和达达自身企业发展服务，但背后会释放多少兼职快递员？事实说明，物流市场能给消费者和自由职业者带来更好的生活体验和服务。

☞企业员工向外延伸，管理者如何应对

当企业的工作者广泛延伸到公司之外的自由职业者时，这对企业的人力资源管理部门提出了新的要求。即如何在这种新形式下，寻找更适合企业发展的自由职业者，并建立有效的管理模式。

人力资源是企业组织的产物，在中小企业是人事行政的职能，在大企业是价值观和企业文化的布道者。面对企业员工向外延伸，首先要接受和拥抱市场的变化，可以尝试协助推动公司外包一些非核心业务给各种服务商和自由职业者，降低管理成本和企业的运营成本，当然在改变的过程中也需要每个企业的管理者有这个理念。我们每个人只有提高自身的学习并且尝试更多的技能和专业知识、专业技能，才能拥抱时代的变化。

第一，管理者必须意识到自身的任务不仅仅是管理员工，还包括引导工作以最优的方式达成目标。也许会有事半功倍的效果，有些任务分派给其他人选。第二，工作任务和未来工作者，可以在组织边界自由出入，管理者需要对协同管理做出更好的决策。第三，周期长、"一刀切"的传统的工资模式会转变为个性化、即时化、富有创造性的激励方式。

总之，随着零工经济时代的到来，人力资源管理将进入一个全新的发展阶段，并面临更复杂的挑战。环境中的变化越大，不确定性越高，人力资源的管理者们越应该面向未来，致力于人文关注、提升循证实践和技术融合等方面的能力，做好人才运营管理。

在《未来的工作：传统雇用时代的终结》一书中，瑞文·杰苏萨森、约翰·布德罗和大卫·克里尔曼不仅阐述了工作方式的历史变化，还进一步提供了一套实用工具来帮助企业驾驭变化的浪潮。他们认为，"超职场"概念很快将会成为企业管理者争相热议的话题。如果来不及应对，你的企业最终会像出租车行业被优步、滴滴挤压一样，蒙受巨大的风险和损失。

零工经济对雇主、招聘人员和雇员的影响与对策

在 2016 年夏季达沃斯论坛上，纽约大学商学教授阿伦·撒达拉阳表示："现在的经济状况允许人们通过兼职方式来生存，如小公司做临时业务、创业平台兼职、承接外包工作等。尽管目前从事'零工经济'的人跟全职工作

人数相比还比较少，但这种能够确保工作灵活性和适应性的就业形式越来越普遍，成为不可忽视的趋势。"

☞零工经济对雇主、招聘人员和雇员产生的影响

就业联合会和英国招聘在 2016 年的研究报告《零工经济——工作的Uber 化》中总结了零工经济对雇员、雇主、招聘人员和产生的影响：

一是对雇主产生的影响。对雇主来说，零工经济加快了招聘流程，提供了进入全球人才库的机会，降低了永久雇佣的成本。与此同时，企业参与零工经济，必须建立人才筛选机制，重新定义人才结构和用人协议，要注意员工对雇主品牌的忠诚度。

二是对招聘人员产生的影响。对招聘人员来说，帮助招聘人员更好地为企业服务，零工经济推展了招聘渠道，让真正有专长的人才从市场中脱颖而出。与此同时，零工经济取代了分散和低迷的招聘市场，但由于尚未形成统一的监管而缺乏行业标准，各地区监管不公平也加剧了招聘群体的风险。

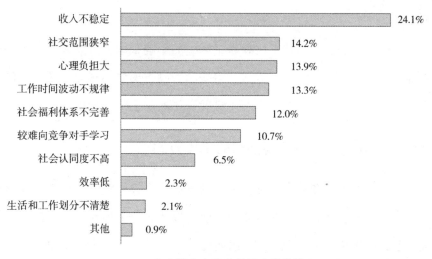

O2O 自由职业者认为其职业的弊端

三是对雇员产生的影响。对雇员来说，零工经济更具灵活性，允许自主决定工资的多与少，可以在全球市场上找工作。与此同时，参与零工经济工作不稳定，可能低估自我价值，缺乏传统雇佣的保障。

☞对正在使用数字化工作平台的雇主的建议

对于正在使用数字化工作平台的雇主来说，首先，应当遵循行业内的最佳实践，尤其是在激励层面和薪酬，支付的劳动力报酬应符合被雇佣者所在国家的相关法律规定，体现公平性。其次，在数字化平台上以合理透明的方式进行操作，为了保证员工工资按时支付，如有必要，需要向平台缴纳一定保证金。再次，雇主要考虑到自由工作者获得未来其他工作的机会，对其工作结果给予客观公正的评价。最后，雇主要确保零工人员理解并尊重公司的品牌，如使命感、文化和精神。

零工经济时代，人力资源要更具敏捷性

零工经济对雇员、招聘人员和雇主产生的影响很深，因此人力资源要更具敏捷性，在招聘部门的工作方式、薪酬和激励方面要体现公平性，工作结果评价要客观公正，以及在关注人文洞察等方面适应新的变化。

☞零工经济下企业招聘部门的工作方式

零工经济的崛起和数字化工作平台的发展，直接影响了企业招聘部门的工作方式。数字化是新媒体的本质，当前新媒体时代下出现的新兴招聘方式主要有各大招聘网站、社交软件，比如脸书、微博、SNS、微信、QQ、人人、猎头招聘等。此外，电视媒体也是一种招聘渠道。

　　各种新媒体招聘方式层出不穷，为企业招聘提供了前所未有的渠道宽度。目前，国内大型招聘网站经过近几年的高速发展，已开始拓展新的招聘方向，比如智联招聘、中华英才网、前程无忧等招聘网站纷纷开始转向社交软件SNS。SNS即社会性网络服务，作用是帮助人们建立社会性网络的互联网应用服务。SNS拥有在线供求、在线招聘等功能，既能够为企业营销，又能提供互动性招聘平台，使企业以低廉的成本实现产品销售和人才招募。供需双方通过发布信息、聊天、评论等功能达到时时互动、直接对话的目的。SNS交流平台未来还会开发视频功能，面对面招聘。企业通过SNS进行网络招聘是新媒体时代下一种很便捷、高效的招聘方式，让复杂的人际关系和商务关系变得简单、随性、自由。

　　为了更好地与零工人员进行互动和联系，招聘需要做到以下三点：第一，将数字化工作平台作为搜寻人才尤其是中高端人才的渠道之一。第二，招聘人员要持续提升为客户服务的质量，强调筛选和快速审查简历的能力，为其

寻找合适候选人，将自己定位为业务部门的重要合作伙伴。第三，持续为候选人和客户提供最佳服务以增强在行业内的影响力。第四，遵循行业合规性。

需要强调的是，零工经济下企业招聘部门的工作方式主要是在数字化平台上以合理透明的方式进行操作，在这种操作方式下，为了保证员工工资按时支付，如有必要，需要向平台缴纳一定保证金。

☞薪酬和激励要体现公平性

零工经济时代，企业对于招进来的员工应当遵循行业内的最佳实践，支付的劳动力报酬应符合被雇佣者所在国家的相关法律规定，尤其是在薪酬和激励层面，体现公平性。

按照相关法律规定，非合同工的工资和合同工是同工同酬。我国《劳动合同法》第二条规定：事业单位、国家机关、社会团体和与其建立劳动关系的劳动者，履行、订立、变更、解除或者终止劳动合同，依照本法执行。

劳动部办公厅《对〈关于临时工等问题的请示〉的复函》（劳办发〔1996〕238号）规定：《劳动法》实施以后，所有用人单位与职工全面实行劳动合同制度，各类职工在用人单位享有的权利是平等的。因此，过去意义上相对于正式职工而言的临时工已经不复存在。用人单位如在临时岗位上用工，应当与劳动者签订劳动合同并依法为其缴纳各种社会保险，并享受有关保险福利待遇，但在劳动合同期限上可以有所区别。因此，单位领导所谓"临时工"不享受正式工福利待遇的说法已没有法律依据。

《职工带薪年休假条例》第二条规定，机关、企业、团体、事业单位、民办非企业单位、有雇工的个体工商户等单位的职工连续工作1年以上的，享受带薪年休假。单位应当保证职工享受年休假。

☞工作结果评价要客观公正

对于招进来的员工，企业要考虑到自由工作者获得未来其他工作的机会，对其工作结果给予客观公正的评价。

就任何一个现实的考核制度而言，最终都会影响到考核结果的公正、客观，因此对于这个问题的解决，是一个系统工程，不是任何一个单一的措施所能做到的。下面是企业考核实践中的一些经验，可以作为评价合同工工作结果的参照。

一是处理好定性与定量的关系。在"评价方法"上，有定性和定量的评价，一般对业绩的评价易用定量，对素质的评价只能以定性为主；定量评价比较客观、准确，而定性评价的主观性、模糊性比较明显，这就像体育比赛中的"体操标准"和"田径标准"的差别一样。为了解决评价的准确性、客观性问题，一方面应当在对"业绩"和"素质"两者的考量中，侧重于比较能够客观、准确评价的"业绩考核"，另一方面要采用数学工具来实现"模态转换"，即在"素质"考核中，量化各项考核指标，以提高其准确性、客观性。

二是考绩与考评必须先分后合。素质是长线考察项目，业绩是短线考察项目，应该明确先分后合。每月察业绩，年终评素质，最后按照一定比例综合得出员工的全年得分。这样可以在业绩评价中一定程度地解决评分者年终评分主观性太强的问题。

三是增加月考绩分在全年考核分中所占比重。月考绩分立足于业绩，年终考评分立足于人员素质，后者较主观，前者较客观。因此，考绩分在员工全年考核分中所占比重必须大大高于其素质评分，这也能在一定程度上减少评分中的主观成分。

四是考评形式要按一定比例形成互相牵制。评价方法多种多样，而且各有利弊。大体来说，直接上级的考评比较准确和细致，但容易失之过宽；间接上级的考评比较客观公正，但准确性较差；自我评估有利于上级深入了解员工的具体情况，调动员工自我管理的积极性，但也容易失之过宽；下级的评分，虽说比较准确，但一般也有过宽的弊病；同级和协作部门的考评，会造成激烈竞争的局面，从而有助于了解到其他形式的考评所不能提供的情况，但又容易失之过严；外聘权威评价部门的考评，不言而喻，客观公正性虽说较好，然不可避免会有隔帘问诊、隔靴搔痒之弊。总之，没有任何一种考评形式是十全十美的，只能按一定比例形成互相牵制，才能使总的评价尽可能地做到公正、客观和准确，就像体操比赛要由各方面有关人士组成的评委来打分一样。

五是工作中较少发生关系的部门之间不搞互评。有工作关系的部门之间互评时，要针对"关键接口指标"进行评议，而不搞泛泛之评；工作上无接触的领导不参加下级干部的评议；工作上无接触的部门不参加对公司领导的评议；允许评议者在对被评议者或被评议者不了解的情况下注明"不了解"；等等。这些都可以撇去评分中的一些水分和泡沫，增加评分的严谨性和客观性。

总之，考核制度是一个复杂的体系，各项规定之间互相牵连，切忌脚痛医脚、头痛医头，按倒葫芦浮起瓢；再者，考核制度关系重大，关系到"选

贤任能"和"公平分配"两件根本大事，更重要的是关系到员工的价值观，更不宜轻举妄动。应当通盘考虑，系统作业；不断完善，反复实验。

☞关注零工人员的人文洞察

关注人文洞察简单地说，就是用真正关注"人"的方式来关注员工，而不仅仅从生产力的角度。要更加充分地理解到人在不同的企业之间与生命周期的关系会发生何种变化。

比如大家现在都很关注"80后""90后"，其实从宏观环境看，老龄社会已经到来，加强对于老龄化人才价值的汲取和挖掘会是人力资源工作的一个重要趋势。有效汲取老龄员工的丰富经验，很多欧美企业已经开始通过调整人力资源政策和实践，为组织发展创造价值。

同样的逻辑也适用于处在不同生命周期的女性员工和其他多元需求与多元背景的员工。脸书（Facebook）和苹果（Apple）公司都推出了资助女性员工冷冻和储存卵子的福利项目，希望借此提升它们对女性员工和应聘者的吸引力。

新雇佣时代下，人力资源管理
如何让员工成为股东

《未来的工作：传统雇用时代的终结》一书指出，传统雇员社会正在消失，个体价值迅速崛起，组织呈现出更高的平台性和开放性。零工经济挑战着传统人力资源管理模式的基本假设，即企业的大部分工作主要依赖于组织内部的全职雇员来完成。在生产力变改变的情况下，对于"员工""零工""股东"这三种身份的管理，成为新雇佣时代人力资源管理的新课题。

☞生产力变了，生产关系也要变

招人越来越难是很多企业的共识。为什么会这样？是我们自己的产业不行了，还是企业没有吸引力？是劳动力不足了，还是已经人口老龄化？是互联网企业高薪把人抢走了，还是我们的工作环境不够好？这是一个复杂的原因构成，但有一点不能不重视，那就是就业观念的改变。

三十年前的中国处于解决温饱的发展阶段，人们有大量的物质需求，社会资源匮乏。在那个时代，我们努力工作，以保证工业化生产的需要，从而快速、粗糙地生产了大批产品。

现在和未来的中国，人们的需求已经发展到了优质、精工细作、个性产品和服务。基本消费品通过人工智能就能完成，奢侈品（这里的"奢侈品"不是传统意义的大牌子，而是精工细作的个性化商品和服务）需要通过工匠精雕细作才能实现。

随着科技进步、互联网普及以及社交网络的发展，生产力中最重要的要素"人"发生了巨大的变化，生产力随之也发生了巨大的变化。然而，随着科技的进步，人类征服自然的能力提升了；随着互联网的发展，销售、生产和购买产品和服务的形式改变了；随着社交网络的发展，每个人都成为一个信息中心，时时刻刻都在交互……这些因素导致的结果是，几乎没有人想要成为机器中的齿轮，即便他们有那样的机会。于是，零工工作者将会越来越多，这些人或许来自被淘汰的倒闭企业，或许来自想换个活法的年轻人，或许来自希望获得更多自由时间的新新人类，或许来自我们身边与时俱进的年长者……一个企业是否这些"给碎片时间的人"预留了工作机会，同样也意味着这个企业是否给自己预留了发展机会。

生产力的改变带动生产关系的改变，而这个改变或许就会从人力资源环节开始。

☞人才接近枯竭，"找人"是个问题

我们通常意义上的员工永远不会消失，但员工群体会缩小。与零工经济中的劳动者相比，员工将会获得更多的政府和企业的保障。养老、保险、医疗体系将对这些愿意承担长期固定工作的劳动者提供尽可能多的保障，同时也对这个群体提出了更高的要求。因为一旦你的工作内容很容易被机器所取代，那你可能会被迫沦为纯粹的打零工者。

事实上，可以从事长期固定工作的群体在快速减少，无论是从意愿上还是从能力上，能够符合企业要求的长期固定员工越来越少。原因是多方面的：一个原因是来自社会教育的不平衡和不匹配。目前的教育体系让很多毕业生到了工作岗位都需要一个以年为单位的学习期，否则无法上手工作，所以才有了招聘广告中的固定要求"有一定的工作经验"。而现状是，在某些行业，想找到一个符合基本要求的员工很难，更何况是有经验的员工。于是，企业的人力资源必须构建强大的训练体系和培训体系，以便将零经验的人迅速培训出来熟练工作。员工快速减少的另一个原因是技术的快速迭代、科技的迅速发展，导致很多信息和技术还没来得及学就已经过时了。所以，只有那些像 Google Translator 一样能持续自我学习、自我迭代的员工才是企业最需要的员工。而这种员工实在是可遇不可求，因为他们中的大多数都将成为这个社会的第三种人——创业者或者叫股东。所以，现在企业招来即用的人才已经接近枯竭，找到符合岗位需求的员工很难，这就是人力资源面临的问题。

面对人力资源市场的新变化，灵活的工作时间、宽松的工作氛围和完善的保障体系，成为吸引长期固定员工的必要条件；强大的培训体系和激励体系，以及与此相配合的企业文化，则是争夺人才和留住人才的重要手段。但是，即使这些方面做得很好，也避免不了另一个可能性和结局——很多员工最终要成为股东。

☞设法留住人才并让员工成为主人

"不想当将军的士兵不是好士兵"，但注定不可能所有人都成为将军，如果都是将军，那大家会说"不想当士兵的将军不是好将军"了。现实中，一部分人创业成功成了老板，另一部分人对完善的社保体系恋恋不舍，于是，"不好"的员工最终自己创业，"想当将军"的好员工成为企业的功勋。每个企业都想留住功勋员工，但问题是，功勋员工对自己也有了更高的要求，他们要成为股东，企业也想让他们成为股东。因此，企业人力资源管理部门必须清楚地看到：人才可遇不可求，人才在自己的企业里是"生产力"，到了别人的企业里就成了"竞争力"和"压力"。

设法留住人才并让员工成为主人，不仅局限于创新型的科技公司，即使是最普通的服务业和零售业，也不得不学习和使用稻盛和夫的"阿米巴"模式，让员工成为主人，成为合作者，进而成为股东。在互联网企业、咨询公司、科技公司、律师事务所，每一位成员都很重要，成为股东是最好的锁定方式；对于零售企业和服务业来说，一些重复的工作可以使用零工或员工完

成，但对于一些重要的岗位则必须使用期权激励、股权激励，或者是直接的股权购买或赠送的方式，以此来提升员工的创造性、积极性以及忠诚度。

如何让优秀的人才成为股东？人力资源管理部门准备好股东协议了吗？谁准备好了，谁就将获得人才。

☞只有机制才是企业人力资本的核心

企业的未来取决于什么？取决于人。人已经是最重要的生产资料。只要有人，资源和资金就会源源不断地投入进来。而人的热情和动能如何才能被激发出来？那要靠人力资源体系建立的机制。如何才能保证人的热情和动能持续不断？同样要靠人力资源体系建立的机制。

我们的人才是否有了动能和热情就能将工作做好？这个完全不用担心，因为内在的能动性可以让人才不断学习和进步，知识自我迭代和技能不断提升。但这是一个变量，自然淘汰肯定是有的，总会有更适合的人才补充进来，不适合的人才分流出去。"员工""零工"和"股东"的三分天下格局的形成同样要靠机制。放眼未来，也只有机制才是企业人力资本的核心，重点在于你的企业是否有好的机制以及设计这个机制的人。

综上所述，那些不会改变、不想改变、不能够持续学习和进步的个人和企业，终将被时代的进步所淘汰。如何找到适应企业需求和时代发展的人才，对人力资源管理工作来说是一个巨大的挑战，而现在才刚刚开始。

第六章　三大措施：新雇佣时代，企业人才招聘和管理的变革举措

　　新雇佣时代，企业人才招聘和管理必须进行变革，采取相应的措施来应对新时代的要求。本章从实操的角度提出三大措施：第一，为团队甄选合适的自由职业者，强调采取灵活的招聘模式，并在实践中确定选才标准，招到 A 类选手；第二，善用大数据技术进行招聘，通过实例展示来说明大数据对招聘的重要性，给出了人力资源们用大数据技术进行招聘人才的方法；第三，不能把新人"扔进"相关部门或项目，一是要求自由职业者应该具备一定的素质，二是在工作过程中提供资源和支持，三是设置专门的机构负责管理，比如采取转正或激励的管理办法等。

措施之一：为团队甄选合适的自由职业者

对于需要迅速投入到项目中的自由职业者，他们工作的指向性更强，角色也更加明确，对于招聘的"精确性"要求也就越高。人力资源管理部门要采取灵活的招聘模式，在实操中确定选才标准，招到 A 类选手。

☞ "按需招募+核心员工"招聘模式

某研究机构在完成了对 3700 名公司高管、经理和分析师的调查后得出这样的结论——未来的数字化机构需要依靠两种人才模式来维持运营：一种是灵活的"按需招募的人才"，只要公司需要就可以招过来；另一种就是核心员工。

该研究机构在与高管和分析师的访谈中观察到，在数字化浪潮下，出现了两种截然不同的管理人才和招募的思路：一是"按需招聘"模式，即一些公司根据某段时期的需求招募流动性人才。持此类想法的公司，通常借用网络平台招募自由职业者。例如，总部位于美国纽约的 Work Market，经营着一个自由用工管理平台，能基于公司的当下需求帮公司招募专业人才。二是"核心员工"模式，即一些公司则更注重长期管理、培育现有的员工。这类公司在员工上岗、持续培训和发展上抛掷重金，为员工创造数字技能培育的机会，努力提升工作体验，针对不同时期为他们提供不同帮助。

第一种策略，提倡通过数字平台轻松招聘人才，平台可根据工作流程和技能需求的改变来调整自己的规模；第二种策略，则需要公司培养员工，在他们身上不断投注资源。尽管大多数公司更喜欢选用其中一种，但该研究机构的结论认为——可以将两种策略有机结合，这意味着，未来数字化运作的

机构需要依靠两种人才模式来维持运营。只要公司需要就可以招过来：一种就是核心员工，另一种是灵活的"按需招募的人才"。

选择"按需招聘"模式，便意味着公司要管理大量流动性强、专业性强的人才，这时公司或许应该建立一个按需供给的人才库存。只要公司需要，就有专业人才可供招募。在管理人才库时，公司不妨采取社群运营的思路。即使市场中的求职者可能来了又走，但对于公司来说，应该眼光更长远，定期对人才库加以维护。同时，公司还需注意平衡全职员工和兼职合同工的数量。例如，建立专属人才库。对公司来说，全职员工可以形成稳定的人才储备基础，而兼职合同工则可以为需求的变化提供必要的灵活性。公司也需要为这些人才创造一个理想的工作环境。很多机构有差别地对待合同工，但对于想吸引人才的公司来说，这样做代价太大，无异于自毁根基。有着技能的合同工可以用脚投票，为任何项目或公司效力。

对于核心员工，要重新思考其价值。核心员工不仅仅是一群全职工作者，他们也是可以投入资金和精力的核心团队，能为整个组织的长期战略发展引领方向、树立目标。

首先，公司需让核心员工有能力对战略决策施加影响。核心员工，包括年轻员工在内，应该有一定程度的战略自主权，贡献力量，能为指定的目标完成任务。员工若想提高工作的自主性，需要和最高决策层多加沟通，对公司的战略发展方向有更为清晰的认识。

其次，公司需营造一个让员工愿意长期融入的环境。毫无疑问，数字化程度高的公司，其不同之处在于有意识地培养、保持和增强员工的参与度。要想让核心员工长期融入公司环境，光靠发工资是行不通的。很多公司的员工表示，需要公司愿意为他们多加投入，能持续提供成长所需的机会。公司需为员工提供多种多样的机会，以确保他们持续获得数字化的工作体验。核心员工的工作时间一长，就需要有新的机会来发展技能。传统的领导力发展项目只是从聘用期中抽时间选人来参加，而现在着力开展新项目的公司，则是鼓励核心员工持续更新自己的技能。

最后，那些同时雇用核心员工和合同工的机构，需要解决一些至关重要的问题。其中就包括，核心团队的规模多大才合适？核心员工应该具备什么样的技能？公司应不应该和按需提供人才的平台协作？或是公司是不是应该培育自己的人才库，这样一有需要就能找到合适人选，一家公司如何在搭建人才储备的同时不让竞争者趁此挖人，有没有可能与其他公司共用人才库？

可能性有多大？等等。

带着这样的问题，公司应该着手实验管理人才的新模式。在数字时代，这样的尝试是充分利用人才价值的必经之路。

☞确定选才标准，招到 A 类选手

找工作难和招人难这种矛盾始终存在，而且眼下人才市场的另一个现象是，招聘硬性标准卡得很死，第一学历限制在全日制统招（或者"985"/"211"）年龄不超过 34 岁，性别限制，等等。由于市场的大环境不是很好，面试的候选人多处于在职状态，观望等待好时机。如何能够提供招聘人才的命中率，在正确的时间，让企业少走弯路，找到正确的人，做正确的事情，促进业务目标达成，突破招聘困局呢？首先要确定选才标准，招到 A 类选手。

确定选才标准要按照这样的步骤进行：第一步，确认一下内部同岗位是否有人可以调动，这样做的目的是可以给内部同事一些新的职位挑战，特别是主管及以上级别职位。第二步，向业务负责人请教，了解需求部门的行业趋势、业务目标、部门人员配置、业务增长情况、业务产品知识。第三步，了解需求职位的职责是什么，绩效 KPI 指标、未来的晋升发展通道、下属人员、汇报对象、出差频率以及奖金等福利项目。第四步，询问业务部门面试官有关目标公司或相关联行业经验，了解职位在其他公司一般属于什么职位、什么部门，特别是高难度的职位，既能体现人力资源专业性和细心度，又能让业务部门感受到人力资源对招聘岗位的重视程度。第五步，确认找什么样的人合适？具体包括：掌握的知识/技能、行业背景要求（甲方或乙方）、最低工作经验的要求、能力素质（通过访谈获取，如协调能力、沟通能力、客户开拓能力、演讲能力等）、个性特质（诸如外向型、细致、严谨）、领导风格、团队风格、企业文化环境；特殊要求如年龄、性别、学历、专业。

　　这里展示一份某职位行为事例访谈（即行为事件访谈法，BEI）问题清单供参考：

　　1. 你认为销售工程师必须具备的哪三项最重要的专业知识？

　　2. 你认为销售工程师必须具备哪三项最重要的工作经验？

　　3. 招聘销售工程师时，您最看重哪些潜质或特征？

　　4. 过去招聘的销售工程师，升迁快或绩效表现好的有何共同能力优势或性格特征？

　　5. 无法待下来的或绩效表现不好的员工有何共同的主要原因？

　　6. 您认为选用销售工程师人才时需要重点关注的能力分别有哪些？

　　在移动互联网时代，如何才能高效快速识别所需要的 A 类选手呢？所谓 A 类选手，除了具备岗位相关的知识和技能外，还要特别关注看候选人最重要的三个潜质：文化匹配、学习能力、激情。这些因素直接决定着 A 类选手在业务快速变化环境中能否持续表现优秀。A 类选手相当于前文所说的核心员工。

　　具备优秀的学习能力的人有如下特征：一是主动学习（心态），主动专研、心态开放，对新事物有好奇心，不轻言放弃，为得到答案可以废寝忘食。二是归纳总结（聪明），比其他人能够更快学习和领会新事物的特点。三是学以致用（实践），在不断实践中摸索最佳或可行的答案，持之以恒，并持续改进迭代。四是反思总结（复盘），能清晰了解自己的强项和需要改善提升的地方，适应新的岗位或者环境的要求，而且能够不断调整和突破固有的思路和做法，避免过去的成功成为现在的失败。

谷歌的四条核心招聘标准中，有一条"通用认知能力，即对新事物充满好奇，在分散的信息中发现规律并开发新能力，找出新的解决方案"。这其实就是学习能力。腾讯要招"有梦想、爱学习的实力派"，"爱学习"就是有学习能力和学习意愿，这种人可以持续成长。

关于激情，哈佛大学教授戴维·麦克利兰曾经提出"成就导向"这个概念，获得更大的成功，高成就导向的人渴望将事情做得更为完美，他们追求成功过程中克服重重困难、解决问题、努力奋斗的乐趣以及成功之后的个人的成就感，他们并不看重成功之后所带来的物质。在企业实践中，发现高成就导向的人展现出来的行为就是"激情"。

有激情的人一般有三个方面的特点：一是自驱力。他们有强烈的愿望成为一个出类拔萃的人，不需要别人督促，因为他们对工作有一种使命感。二是热爱。他们热爱自己的工作而显得专注，愿意对所做的事情投入100%的精力。三是勇气。他们敢于挑战目标，迎着困难不停前进，永不言败，而不是总想给自己留条后路。

文化匹配简单来说就是候选人的价值观和做事的方法适合和企业"气味相投"。高绩效的表现是依赖场景而发生的，同样有学习能力和有激情的人才，有些人能够快速融入组织，发挥价值，有些人不能，这主要取决于个人是否和企业文化匹配。

措施之二：善用大数据技术进行招聘

数据，对于企业的人力资源来说并不陌生，从最开始通过招聘收集员工信息，到能力测评，以及季度、年度的绩效考评，日积月累的数据不可谓不大，但是真正将这些数据整理分析，提供给人才管理者做决策的企业却并不多见。然而，不管你用不用，这些数据还在增大，而且，随着新技术的出现和普及，社交媒体和移动设备也加入到企业招聘的渠道中。

面对更为分散的自由职业者，获取人才洞察和提升招聘效率尤为关键，而大数据技术提供了解决之道。例如，领英网（LinkedIn）的独特模式是通过互联网社交和人工智能算法等高技术含量的方式解答招聘难题。具体来说，一方面，领英网通过人才大数据和人才画像助力企业制定人才战略；另一方面，则通过提供基于人工智能算法的征才解决方案为企业精准推荐满足工作岗位需求的人才。下面我们先来看看领英网是如何利用大数据技术进行招聘的。

☞领英网用大数据改变招聘模式

在英国《经济学人》看来，作为全球最大的职场社交平台，领英网不仅改变了传统的招聘模式，更重要的是，在大数据环境下，3.13 亿用户信息将成为其"隐藏的宝石"。

对于一个企业来说，也可能预示着衰败，空荡荡的办公室可能预示着兴旺。对于弗兰克·韩来说，很幸运，他所在的公司属于前者。弗兰克·韩所在的 Kenandy 公司是一家云计算公司。作为公司人力资源，他忙于招募员工。有时，他会通过领英网进行招聘。

领英网总部位于美国加州的山景城南部。2002 年正式创建，并以"连接全球职场人士"作为使命。公司创始人之一的艾伦·布鲁说："人们在创业初期缺少团队、大机构及办公室的背后支持，许多创业者需要获取人际关系的途径。"从那以后，领英网就像一本在线的通讯录和个人简历，为任何想要踏入职场的人提供发布平台。

大多数用户未付费，他们在领英网上罗列自己职业、教育的详细情况，吸引猎头的关注。也有一些用户购买了订阅服务，该服务让他们可以进行自定义设置、发布更大幅的照片、每月向其他用户发送 25 封邮件等。订阅服务为领英网带来了总收入的 1/5。然而，领英网不仅为职场人士提供交友的机会，还改变了劳动市场——求职者找工作和雇主找员工的方式。职场人士涌入这个数字平台，企业招聘人员不禁感叹，求职规则在这里完全改变。

领英网公司的雄心不止于当前。CEO 杰夫·韦纳对所谓的"经济图表"进行了设想，把那些寻找、开启职业生涯或寻求职业发展的人们连接到一起。据他估计，全球劳动力总数约为 30 亿，这也是领英网用户最终可能达到的数量。换句话说，除了招聘业务外，领英网还想改变劳动市场的运作方式，提高经济效益。

领英网的收入主要来源于招聘方。他们通过支付费用来查阅合适的应聘者信息。招聘方也可以通过付费的方式在网站上发布广告，这项被称作"人才解决方案"的业务约占销售额的 3/5。该业务能够为招聘方提供更为精确的搜索，从而帮助他们找到合适的应聘者。印度软件公司印孚瑟斯欧亚区招聘专员阿胡贾就想通过这项业务，从数百所高校毕业生中选 200 名 MBA 学生。

领英网为招聘方带来的好处之一，是让招聘方更易找到那些并不主动寻找新工作，但面临更好的工作机会时又会跳槽的那些人。负责"人才解决方案"的副总裁丹·沙佩罗说，这类"被动"求职者占用户总数的 60%。

领英网让招聘不再依赖招聘公司。在这个意义上，网站也给招聘模式带来了挑战。阿胡贾说，两年前，他雇用外部招聘机构来完成欧洲区 70% 职位的招聘。而现在，招聘机构的份额下降为 16%。

诺华制药公司的人力资源负责人史蒂文·巴尔特说，他通过领英网招聘到的 250 名员工，在过去可能需要通过猎头公司才能实现这一目标。

然而，对于高级职位来说，领英网仍显得太大众了。不过，领英网在高级职位招聘方面也在不断提升。阿胡贾说："即使是涉及高层的招聘，我也没有必要再向猎头公司支付巨额资金。"

波音公司全球人事总监格伦·库克认为，领英网是招聘专业飞机机师的良好渠道，"你未必能想到这些人会出现在领英网上，但他们确实出现了"。而在之前，波音的一些职位已经空置了"6~8个月"。

事实上，领英网让企业方便获得人才的同时，也更容易失去人才。在不少企业中，大量员工成为领英网的用户。

法国凯捷咨询公司人力资源负责人休伯特·吉罗认为，当他运作凯捷公司的业务流程外包时，他鼓励其1.5万名员工使用领英网。"我认为让企业拥有良好的面貌是件好事，我们要确保业务合作伙伴对我们有一个清晰的认识。"

其实，在领英网上，企业间也会进行较量。在网上，求职者会对曾经工作或应聘过的公司进行评分。沙佩罗称其为"销售与市场过程"。在这个过程中，公司非常注重自身的声誉，这样才能吸引求职者。他们可以通过追踪，得知有多少员工已经跳槽加入求职竞争、求职者即将参与竞争。

领英网的用户可以对其他企业进行"跟随",这反映了对某项工作的潜在兴趣。诺华制药印和孚瑟斯在领英网上都拥有约 50 万"追随者"。而美国科技巨头们的"追随者"数目则更多。

领英网在很多国家和行业吸引了越来越多的用户,它的数据也随之变得越来越丰富。CEO 韦纳认为,如果对工人、对人们的职业进行跟踪对企业和大学之间的关系或者资历和技能进行描绘,并以此来对招聘方的要求,你得到的信息将有助于劳动力市场的改善,这是劳动力市场的大数据。

从原则上看,劳动力的交换帮助劳动力市场的运作更加顺畅,在无形中降低了欧洲青年的失业率,也帮助中国百万农村进城人口提供了职位。这些愿望充满雄心,它们帮助消除职业技能和雇主需求间不匹配的情况,也缓解了工作地与居住地间的距离造成的问题。但领英网承认,"目前存在我们尚未面临的阻碍"。例如,领英网的用户还未突破职场人士这一群体。最终,领英网可能同谷歌和亚马逊等一样,为世界偏远地区提供网络服务。但要实现这一目标,仍有很长的路要走。

除了提供职位和找工作之外,领英网正在开始开辟新领域。本科生可以通过领英网查询有多少前辈进入了某个公司或领域,这有助于他们规划自己的职业道路。一些企业已经开始使用领英网的数据,来帮助他们确定在何处设立新办公室或新工厂。根据用户提供的技能及美国各地对该类员工的需求,领英网的数据工程师可以找到"隐藏的宝石",这些地方拥有大量适合职位需求的潜在员工,且无须面对激烈的行业竞争。

☞大数据技术网罗自由职业者

面对用工模式的变革,企业招聘也积极利用技术应对变化。美国人力资源管理协会的《工作场所预测报告》显示:面对企业招聘需要更多采用新技术,自由职业者的崛起,提升招聘的效率。例如,招聘移动化,如果招聘的申请渠道无法适用移动设备，导致招聘失败，这将破坏求职者的体验。另外，在招聘的过程中更多采用大数据技术，当大数据被整合到工作流程中之后，人力资源管理部门以及直线管理人员会做出更高质量的决定。

据估算，一个工作三年的招聘人员手里有近 100 万份简历数据。如果是一家有 10 位招聘官的公司，那么简历数据资源将达到千万级规模。但事实上，只有 10% 的招聘人员真正有效地从中搜筛到合适人才。

大数据技术为企业招聘带来了变革契机，也使得这些沉睡的数据重新焕发生机，为企业招聘提供信息化、数据化、智能化支持。未来，大数据技术甚至能预测员工的行为，是否有跳槽动向和离职倾向等。事实上，大数据技术最重要的影响在于改变了人力资源管理者的工作逻辑。企业需要迅速招募到合适的候选人，在快速变化的环境中，尤其是面对更加分散的自由职业者，企业需要在全球范围内迅速网罗到优秀的人才。另外，对于企业人力资源管理者而言，需要主动融入这种新趋势，因为自由职业者大多是各自领域里的精英，他们随时可以投入到项目中去。利用远程技术，更重要的是，企业可以寻找世界上最优秀的人才为自己工作。

目前，一些人力资源服务机构已经采用数据挖掘、机器学习算法和 NLP（自然语言处理）等技术提升简历与岗位的匹配效率。在这个过程中，大数据技术通过建立海量的个人职场画像，在企业选、育、用、留等方面为人力资源部门提供大数据服务。与此同时，大数据技术还能对海量的简历进行筛选并进行精准定位，大大提升招聘效率。因此，利用大数据技术，企业可以在不同平台上搜寻合适的自由职业者，并利用技术进行匹配，最终找到最优秀的候选人。

例如，2016 年 8 月，LinkedIn 上线针对自由职业者的求职功能"LinkedIn Pro Finder"。具体而言，雇主可以在 LinkedIn 上提交在设计、编辑、写作、会计、房地产、职业规划这几个领域的自由职业招聘信息。在另一端，用户

回答几个问题，提交求职需求，LinkedIn 将利用大数据技术，根据工作的匹配程度、用户的人际网络等信息推荐多个职位。

想象一下这幅场景：未来，站在招聘第一线的不是招聘人员，当企业发出招聘需求后，而是更懂企业和候选人简历的机器人，经过筛选将合适的简历推送给招聘官。同时，在全球范围内进行招聘，企业面对的也不是特定区域的人才，而是全球范围的人才池。

☞人力资源管理者如何用大数据技术进行招聘

招聘是一个极其缺乏数据的领域，人力资源管理者从未像现在这样需要用数据来支持自己的功能和证明自己的价值。数据时代对人力资源管理者有两点价值：一是决策支持。各个渠道的效果、校招学校站点的选择、人力资源管理者的招聘能力、面试官的配合程度都可以通过数据分析来判断或决定。二是证明招聘团队的绩效表现。招聘在用人部门看来往往是非零即一的事情，但其实招不到合适的人原因很复杂，需要深入分析，然而长期缺乏用数据说话的工作方式让人力资源管理者在组织内部缺少话语权。新事物总是容易被盲目炒作。大数据之所以流行，是因为它被各个行业寄予了太多希望，但现实中往往是实践太少，盲目畅想太多。

专业人士认为，从技术发展的角度和实用性的角度来看，大数据在招聘领域有三种应用会成为主流。

一是大数据与应用场景。人才匹配大数据最典型的应用场景是"推荐"。传统的简历推荐通常让人力资源管理者设定一些条件，如学历、所属行业、工作年限、期望薪酬等，系统根据这些条件的匹配度（其实是满足条件最多）把候选人排序，这种推荐的实质是搜索。根据心理学家的研究，即使提前设定好硬性筛选条件，候选人筛选是一个复杂过程，人力资源管理者也难免因为综合考虑而放弃原本的坚持，此时大数据推荐就可以发挥价值了。基于大数据的推荐算法是通过猜测人力资源管理者筛选简历的原因来建立推荐模型，并且会随着人力资源管理者不断进行筛选的动作来持续优化模型，再从人才库推荐满足条件的候选人出来。人力资源管理者的操作行为越多，招聘系统的推荐模型就越准确，从而通过人才挖掘来真正发挥人才库的价值，同时也能大幅降低招聘成本并提升招聘效率。

二是预测招聘效果。中级职位要多久才能招到位？什么职位难招？哪个渠道能提供更多的销售人才？这些基本的招聘问题人力资源管理者心中会有大概的答案。但大数据分析可以帮助人力资源管理者更快地回答这些问题，并且把结论量化，从而快速支持决策。原因就在于，人力资源管理者在招聘中产生的数据能够被记录下来并形成预测模型。举例来讲，当人力资源管理者多次招聘 UI 设计师后，再次招聘同一职位时，面试官的响应速度、大数据算法可以根据人力资源管理者的能力、投放的渠道、市场人才稀缺的程度等因素预测招聘周期，因而不用再被用人部门牵着鼻子走了。类似的大数据应用还会出现在猎头能力分析、渠道有效性分析、雇主品牌竞争力中。更有价值的是，当数据在更开放的行业环境中被共享时，招聘效果的预测将会更加准确。

三是发现招聘过程的规律。不少组织的人力资源管理者现今还在采用手工记账的方式记录招聘过程的信息，既不及时，也难以保证数据准确。对此大数据也有相应的解决方案。例如，在每年一次校园招聘中，有些企业会在每天接近午夜时分通过微信平台发布校招广告，问其原因，答曰分析显示毕业生在哪个时段使用手机访问企业微信号的行为最集中。当然还有更复杂的信息，如学生填写哪些信息最困难、面试到场率为什么较低、是否能找到关注的内容、毁约率低的群体都存在什么特点、测评结果与面试评价之间的相关性有多大……当数据完整时，分析模型能够自动帮助人力资源管理者发现规律，并寻找优化招聘过程的契机。

相信大数据是招聘领域的重大发展趋势，它确实可以把人力资源管理者从招聘的黑箱中解救出来。但是，想要享用大数据带来的价值，人力资源管理者不得不正视眼前的挑战：招聘团队自己不具备大数据处理能力，数据记录成问题；数据记录系统的安全性较低，可能导致重要招聘数据泄露；大部分组织的招聘团队仍处于极度缺乏数据或者数据可用性很差的状况中；缺乏数据分析人才，即使有了数据，也无法有效规划和利用。基于此，保证招聘过程数据能够得到完整记录，同时启用有效的数据分析工具是人力资源管理者走向大数据时代的第一步。在招聘过程中应用好大数据，将成为人力资源管理者事半功倍的前提。

措施之三：不能把新人"扔进"项目或相关部门

人力资源部门一旦招聘到合适的人才并签完合同后，部门的工作绝非就把他们"扔进"项目或相关部门那么简单。

《哈佛商业评论》在一篇关于"敏捷人才"的文章中指出，很少有组织对于自由职业者支持、监管和进行持续的指导，这在一定程度上也妨碍了这些外部人才"尽心"地为公司效力。人力资源管理部门应该如何将自由职业者纳入团队？这里有三个重点工作：一是要求自由职业者应该具备一定的素质；二是在工作过程中提供资源和支持；三是设置专门的机构负责管理，比如采取转正或激励的管理办法等。下面我们来分别讨论。

☞要求自由职业者应具备一定的素质

有的人羡慕自由职业者，觉得自由职业者非常自由，不用忍受上班族这样或者是那样的拘束。其实，自由职业者是要具备一定的能力的。从人力资源管理的角度来说，所有在你羡慕别人是自由职业者想要成为自由职业者的时候，首先要想想自己有没有一定的能力。这是自由职业者的必备条件。

虽然自由职业者看上去确实比上班族自由许多，不用朝九晚五地上班。但是自由职业者所要承担的风险却要比上班族大得多，他们要承担精神上和物质上多重的压力。必须要有充足的物质基础和抗压能力。

大部分的自由职业者有自己的一技之长，比如设计师、撰稿人、摄影师甚至医生、律师等职业。这些自由职业不需要太大的团队，当然需要具备相当高超的专业技能，自己独立经营就可以完成，如果专业技能不是很专业的话建议先到一些比较专业的部门去进修一段时间，或者从事兼职也是未尝不可的。自由职业并不是存在雇佣的关系，而是要被一些外部的机构所雇用。他们大多数是采用合伙制的方式进行工作，但是他们必须具备相当扎实的专业技能，甚至比一些机构还要专业才行。

自主创业是大学生就业的一个良方，但并不完全是一个解决就业难的良方。自由职业者必须要具备一个客户的庞大的客户群体来支撑，很显然刚刚大学毕业的大学生刚踏入社会，即使他们具备相当高超的专业技能，也没有足够的客户群体来支撑他们。很多的自由职业者，就是因为没有足够的客户量，被迫转行。而真正干得出色的自由职业者则是资深的专业人士，经营了多年，积累了一些固定的客户群体的人。

不管再怎么精心地准备，创业之初遇到财务危机是在所难免的。你会在刚开始的时候遇到这样或那样计划外的开支，甚至连最基本的生活都得不到保障，所有你必须准备充足的资金来应付这些计划外的开支。如果自由到一无所有，那所有的美好幻想都会成为一种泡影。自由职业首先想的是如何挣钱，而不是放纵自己。

　　除了建立好客户群体，让自己有充足的客户去挖掘生意上的潜能，如何有一个好的朋友圈，平衡好自己的工作与生活也很重要。当你想利用非节假日出去旅行的时候，你会因为你的朋友都在上班而找不到旅行的伴侣而无奈。当你想要找一个人来倾诉你现在工作的不易，你会因为找不到倾诉的人而失落。所以在你选择成为自由职业者之前，你必须做好没有沟通的伴侣，做一个孤独的人的准备。如果你已经成为自由职业者，那就定期参加一些商务聚会、培训或者户外活动来放松一下自己，如果你是一个恐惧孤独的人，还是不要做自由职业者。

　　最重要的一点，自由职业者必须要有超强的自控能力。自由职业者的自控能力要远远强于上班族才行。如果你想自由支配你的时间，首先要考虑清楚你能合理支配时间吗？这恐怕是很多向往自由职业的人做不到的。如果自由职业者无法合理利用时间，就会让自己陷入自由散漫的境地无法自拔，自由职业对从业者的人格成熟度和自我把控力的要求非常高。

　　每个人都应该根据自己的工作志向，工作内容来选择成为自由职业者。如果成为自由职业者为的是放纵自己，成为一个懒人。长期下去会给自己的生活带来困扰，有的还会出现严重的心理问题。

☞如何给自由职业者提供资源和支持

提供资源支持，就是给自由职业者创造良好的工作环境，让其拥有高效完成工作所需要的信息和资源（如装备、工具、经费等）。另外，人力资源部门给予员工的资源支持还包括对自由职业者恰当的岗位安排，让自由职业者的努力用得恰到好处。

人力资源部门必须帮助自由职业者明确其工作的轻重缓急，让员工能集中精力，完成最有价值、最重要的任务，从而提升绩效。同时，要把不断提高对自由职业者的工作要求作为自己的责任，把反馈落实并实时监控，这样才能有助于充分发挥他们的能力。

企业要想支持自由职业者，需要给他们提供较好的岗位培训，使他们的知识和技能能够充分发挥出来，从而更加胜任工作。岗位培训能将潜力转化为生产力，开发员工潜力，并获取最大组织效益。

授权也是支持自由职业者的手段，给他们授权就是给他们适度的工作自主和自由空间，能让他们更好地安排工作，提高效率。而且他们也可以通过管理自己的工作，充分地发挥自身才能，在做好本职工作的同时，更能捕捉每个发现契机。

☞设置专门的机构负责管理——转正和激励是两种可行办法

自由职业者是一种临时性职业，因此"稳定性"问题是人力资源管理者必须注意的。提高他们对公司的忠诚度，为调动自由职业者的工作积极性，可以采取形式多样的措施，以激励其在各自的岗位上做出更大的贡献，如激励转正等。下面来看看两个公司的做法。

上海联通采取非合同制员工转正的办法，总共 30 个名额，服务支撑 6

名，网络运维9名，市场营销15名。参加人数超过300人。竞聘共分三个阶段：第一阶段为部门负责人打分也就是平时成绩，分为三个档次10分、7分和4分，另外再加上工作满3年的加1分、5年加2分、8年加3分，学历为专科加1分、本科加2分、获得过市公司奖项的加1分，也就是必须工作满三年+专科才有资格，最高为20分。第二阶段为笔试，类似于公务员行测考试的题目，逻辑判断、数理分析，共100题，折合总分30分。前两轮总分按1:4进入面试阶段。第三阶段为面试，面试官共10位左右二级部门领导，面试内容有问答部分和自述部分，最高为50分。问答部分为2题通用能力和1题专业题。转正后薪资岗级5A（校园招聘6A，社会招聘7A）。

下面这个例子更值得学习借鉴：

在一家邮政企业中，非合同制员工主要包括委代办人员和劳务工。长期以来，非合同制员工为公司的持续快速发展做出了应有的贡献。由于人员更换频繁、非合同制员工队伍不稳定，影响了邮政服务质量提高和业务持续健康发展。非合同制员工的积极性调动得如何，已直接关系到邮政企业的可持续发展。

该公司首先分析了影响非合同制员工积极性的主要因素：一是收入偏低。合同制职工与非合同制员工干同样的工作，然而两者同工不同酬。以郴州某分公司为例，其非合同制员工平均收入只相当于合同制职工的一半。如果再考虑到福利等方面的因素，多数非合同制员工对自己的收入状况不够满意，收入低于预期已成为影响非合同制员工积极性的最主要因素。二是缺乏归属感。非合同制员工由于缺乏足够的保障，在心理上，他们把自己看作局外人，他们对自己的定位是干一天算一天的临时工。因此他们普遍担心自己把青春贡献给邮政事业后，一旦年龄大了或中途遇到企业裁员，连起码的生活都得不到保障。三是缺乏成就感。相当一部分非合同制员工，特别是工作能力较强、文化程度较高的劳务工和委代办人员，希望得到企业的认可和赏识，有施展才能的机会。但是，企业提供给他们的培训和晋升机会相对较少，使这部分人感到"干得再好也白搭"。

针对上述情况，这家邮政企业采取多项措施，调动非合同制员工积极性：

一是建立与劳动力市场接轨的薪酬体系，逐步提高非合同制员工的收入水平。健全的薪资制度是企业和员工都十分关注的一个问题。对邮政企业而言，如果非合同制员工的薪资定得太低，则我们在劳动力市场将失去竞争力；如果薪资定得太高，则生产成本增大，又影响到收支差额的完成。对非合同制员工来说，薪资不仅是他们生存的经济来源，而且在一定程度上还是他们社会地位的象征。所以，健全的薪资制度应该合理、公平并具有激励作用。邮政企业在制定非合同制员工的薪资标准时，除考虑这类费用在成本中所占比例外，也要考虑当地通行薪资。另外，对那些承担经营任务的非合同制员工，企业给予他们的劳动报酬应该高于当地社会员工平均工资水平。薪资标准制定后，比较适合邮政企业的是计件制，具体计发时可以采用多种形式。企业要创造一个良好的政策环境，让非合同制员工通过自身努力可以缩小与合同制职工的收入差距，甚至超过合同制职工。

　　二是适度增加间接经济报酬，增强非合同制员工的归属感。为非合同制员工代缴部分养老金和医疗保险金。此外，还让非合同制员工参股企业，让非合同制投递员参股递送公司，实行按股分配与按劳分配相结合的分配形式，使他们也能享受到企业发展带来的收益。还可以建立非合同制员工基金，给予工作业绩突出或为企业服务达到一定年限的非合同制员工一次性购买若干养老保险的嘉奖。通过这些措施，非合同制员工会从心理上感到有盼头、有奔头。

　　三是将精神激励与物质激励结合起来，进一步提高激励的综合效果。该公司将自己的长远目标、近期目标告诉员工，让他们知道企业今后员工的收入、发展前景、福利待遇会有多大改善，个人活动舞台会有多大增加，激发他们的劳动积极性。邮政企业在评定各类先进时，对非合同制员工要一视同仁，要信任他们、尊重他们，通过班组民主管理、合理化建议、职代会等形式，让他们在不同层次和不同程度上参与决策，依靠他们办好企业。此外，对那些事业心强、具有进取精神的高素质非合同制员工，企业要给他们提供培训、晋升的机会，特别优秀的，要吸收他们进入合同制职工队伍。完善的激励机制，调动了非合同制员工积极性。

第七章　抓住命门：不怕"打游击"，
三招破解企业用人风险

　　虽然零工经济风生水起，但也有用人公司担心，这些自由职业者就像打游击，打一枪换一个地方，会不会带来一些意想不到的风险？对此，这里给出破解企业用人风险的具体方法：第一，核实应聘者的"自由职业"身份，对他们标榜的资质、才能和经验都要加以验证；第二，签订协议，合理规范双方的权利义务，这是确保各方利益的有效办法；第三，平台方对注册者资质进行严格审核，这也是降低企业用人风险的有力措施。

第一招：核实应聘者的"自由职业"身份

对于一个企业在招聘过程中聘请到适合岗位的人员，是招聘成功的重要标志，而招聘成功的前提和最首要的工作是在招聘时须正确核实应聘者的身份。尤其是对应聘的自由职业者，必须去核实他们每一个人的身份，对他们标榜的才能、资质和经验都要加以验证。目的是使整个招聘过程符合国家的法律法规要求同时又避免给公司带来不必要的麻烦和损失，确保公司所聘用的人员能够如实地反映本人身份。

对于核验应聘者的身份，有人提出了验证身份证，有人提出了人脸识别，更有人说可以去警察局查档案。其实，要规避核实应聘者身份，用人风险还是要做到"人防+技防"。

☞"人防"措施

"人防"是最为重要的措施，这方面的工作包括以下几个方面：

第一，企业要端正自己的招工用工态度，在不违背国家法律法规的基础上，落实招聘原则。根据国家法律法规规定，公民年满18周岁为成年人，已年满16周岁但未满18周岁为未成年人，童工是指未满16周岁的少年或儿童。公司不得录用童工（是指未满16周岁的少年或儿童）。可参考《中国劳动合同法》《中华人民共和国劳动法》《禁止使用童工规定》《中华人民共和国未成年保护法》等相关法律法规。

第二，按流程进行人事审核。采取分类的方式进行筛选，选择感兴趣的人。一般包含以下内容：一是工作经历。人力资源管理者对工作经历是最重视的，所以应聘时对口的工作经历的填写很重要。二是学历背景。人力资源管理者一般通过这个来制定最基本的筛选门槛。三是上一家公司的离职原因。人力资源管理者会通过这个来判断员工的忠诚度。四是性别、年龄以及相关证书。在充分考虑了上述情况后，这些会作为补充条件进行审核。

第三，企业招聘须核实身份证明的相关内容。进行招聘时，必须要求应聘人员首先出示有效的身份证明，如健康证、居民身份证，原单位解除学历证明、劳动合同证明、结婚证及有效的计划生育证明文件等。最主要的是核实居民身份证，核实时要注意比较应聘者的相貌与证件上的相片是否相像，看其外表年龄跟身份证上显示的年龄是否差距较大，同时根据身份证证件本身的特点来初步识别身份证真假，如果有疑虑，也可以向应聘者询问其出生年月日、身份证号码、户口所在地、身份证办理时间或其他相关信息与其所持身份证是否相符，或通过国家身份证管理网站上查询，也可以电话或书面同应聘者户口所在地的公安机关或户口管理机构查验。核实应聘者是否同原单位合法解除劳动关系，最好在入职前进行核实，需要应聘者出具原单位证明，避免给招聘企业带来不必要的麻烦和损失。

第四，企业招聘须核实应聘者的背景资料。核实应聘者的背景资料，根据具体情况，可以在入职前调查也可放在入职后调查，对其简历中的重要部分进行核实，其内容也可包括其身份证明，尤其对关键职位和对企业有重大影响的职位最好要核实，避免给招聘企业带来不必要的麻烦和损失。可以通过传真、电话、网络、登门拜访等方式进行核实，企业可保存记录，对于有不符合的须告知其本人，任何处理须其本人知道和确认。

第五，企业招聘在核实身份证明无误后须填写登记表。在证明应聘者的证件有效无误后，招聘工作人员可让应聘人员填写入职人事档案的相关表格进行登记。应聘人员应对所填写的资料的真实性做出承诺并签名保证。招聘单位一定也必须为应聘者作为个人档案内容之一进行完好保存。另外，自由职业者入职后，企业必须小心保管与他们相关的企业数据，因为他们毕竟不是全职工作者，也许过一段时间就会跳槽到竞争对手的公司去干活，他们可能会把相关数据一起带过去，这有可能导致企业的秘密外泄。

第六，企业招聘发现应聘者的身份证已过期的。如果发现应聘者的身份证已过期的，应立即向应聘者说明情况。要求应聘者更换新的身份证或提供原始身份证明，核对无误后才可正式登记入职。如果入职后才发现此情况，应该立即要求工人补办。

☞ **"技防"措施**

要借用科学技术的手段，如指纹认证、人脸识别、身份认证等技术进一步核实应聘者的真实身份。

人脸识别技术，是基于人的脸部特征信息进行身份识别的一种生物识别技术。用摄像头或摄像机采集含有人脸的图像或视频流，并自动跟踪人脸在图像中检测，进而对检测到的人脸进行脸部的一系列相关技术验证。为了规避用工风险，企业可以借助这项技术进行招聘，实现核验人与身份证的一致性，做到真正程度上核实应聘者的身份。

指纹认证就是把一个人同他的指纹对应起来，通过比较指纹特征和预先保存的指纹特征，就可以验证其真实身份，手机在设置指纹时，会快速地读取正在使用手机的人的指纹并保存，等下一次再次读取。人的手指末端正面皮肤上有凹凸不平的纹路，蕴含大量的信息，这些皮肤的纹路在图案、断点和交点上是各不相同的，在信息处理中将它们称作"特征"，而且这些特征具有唯一性和永久性。

身份认证技术是在计算机网络中确认操作者身份的过程而产生的有效解决方法。比如对身份证的验证，可以通过全国公民身份证号码查询服务中心进行核查。计算机网络世界中的一切信息包括用户的身份信息都是用一组特定的数据来表示的，计算机只能识别用户的数字身份，所有对用户的授权也是针对用户数字身份的授权。如何保证以数字身份进行操作的操作者就是这个数字身份合法拥有者，也就是说保证操作者的数字身份与物理身份相对应，身份认证技术就是为了解决这个问题，作为防护网络资产的第一道关口，身份认证有着举足轻重的作用。

第二招：签订协议，合理规范双方权利义务

企业在与自由职业者合作过程中可能会出现一些不可预估的因素，比如临时更改预算、新增需求、延迟项目截止日期等，因此要签订协议，合理规范双方的权利义务。签订协议是确保各方利益的有效办法，协议的好坏又是能否防止纠纷和纠纷发生后能否得到有效维权的依据。在这方面，企业法务要尽职尽责，发挥应有的作用。

☞同时签两份劳动合同可以吗？

在企业与自由职业者合作的过程中，自由职业者同时签订两份劳动合同的现象也屡见不鲜。那么，这种行为是合法的吗？今天来探讨一下。

根据我国法律相关规定，如果劳动合同有约定或者用人单位的规章制度有规定，本单位的劳动者不得到其他单位兼职，那么劳动者就不能做兼职，否则签订劳动合同的单位可以追究该劳动者的责任，对其造成的损失可以要求该劳动者以及兼职的单位共同赔偿。如果兼职对于签订劳动合同的单位造成了实际的损失的，兼职和劳动者的单位应当共同承担赔偿责任。另外，还需要注意的是：非全日制工作的劳动者可以和两个单位签订劳动合同。全日制用工只能和一个单位签订劳动合同。

《劳动合同法》第六十九条规定，非全日制用工双方当事人可以订立口头协议。从事非全日制用工的劳动者可以与一个以上用人单位订立劳动合同；但是，后订立的劳动合同不得影响先订立的劳动合同的履行。

《劳动合同法》第九十一条规定，其他用人单位与用人单位招用尚未解除或者终止劳动合同的劳动者，给其他用人单位造成损失的，应当承担连带赔偿责任。

所以，同时签两份劳动合同能否被允许，要看工作的性质是什么分别参考，劳动者需多关注相关的法律法规，维护好自己的合法权益。

☞非全日制劳动合同范本（标准版）

非全日制用工，是指以小时计酬为主，劳动者在同一用人单位一般平均每日工作时间不超过四小时，每周工作时间累计不超过二十四小时的用工形式。劳动者和用人单位应保证向对方提供的与履行劳动合同、签订、相关的各项信息真实有效。非全日制用工双方当事人不得约定试用期。非全日制用工小时计酬标准不得低于用人单位所在地的最低小时工资标准。用人单位终止非全日制用工的，不向劳动者支付经济补偿。具体内容如下面的《非全日制劳动合同》。

甲方（用人单位）名称：

住所：

劳动用工登记证编号：

法定代表人（或主要负责人）：

联系电话：

乙方（劳动者）姓名：

性别：

出生年月：

户籍所在地：

身份证号码：

现居住地址：

通信地址：

联系电话：

根据《中华人民共和国劳动合同法》和有关劳动保障法律、法规和规章，在甲乙双方在平等自愿、协商一致、诚实信用的基础上，签订本合同。

第一条　本合同期限自××××年××月××日至××××年××月××日止。

第二条　乙方同意根据甲方生产（工作）需要，从事××工作。工作地点在××××。

第三条　乙方工作时间为下列第（×）种方式：

1. 每周工作×日，分别为周；每日工作×小时。

2. 其他：

第四条　甲方按乙方工作时间，以货币形式支付乙方工资，标准为每小时××元，工资结算周期为（日/周/15日/年），工资发放时间为（日/周/15日/年），工资发放方式为（直接发放/委托银行代发）。

第五条　甲方支付给乙方的劳动报酬中已包含甲方应为乙方缴纳的基本

养老保险费、基本医疗保险费。乙方依照国家和地方有关规定以自由职业者身份参加基本养老、基本医疗保险。

第六条　甲方依照国家和地方规定，为乙方办理工伤保险和缴纳工伤保险费，乙方在合同期内因工负伤或患职业病享受工伤保险待遇。

第七条　甲方有义务对乙方进行职业道德、业务技术、劳动安全卫生及有关规章制度的教育和培训，为乙方提供必要的劳动条件、劳动工具及劳动保护用品。

第八条　乙方应严格遵守安全操作规程和工作规范。

第九条　甲方对可能产生职业病危害的岗位，应当向乙方履行如实告知义务，并做好劳动过程中职业危害的预防工作。

第十条　经甲乙双方协商一致，本合同可以变更。

第十一条　甲乙任何一方都可以随时通知对方终止本合同。

第十二条　双方约定的其他事项。

第十三条　乙方可以同时与其他用人单位订立劳动合同；但是，后订立的劳动合同不得影响本劳动合同的履行。

第十四条　本合同未尽事宜，双方可另协商解决；如本合同条款与国家、省有关新规定相悖的，按新规定执行。

第十五条　甲乙双方因履行本合同发生劳动争议，可以依法申请调解、仲裁、诉讼。

第十六条　本合同一式两份，甲乙双方各执一份。

甲方：（公章）

乙方：（签字）

法定代表人或委托代理人：（签章）

签订日期：××××年××月××日

第三招：平台方要对注册者资质进行严格审核

平台方对注册的自由职业者资质进行严格审核，这样也能降低企业用人风险。而要真正做到对资质的严格审核，首先必须对"资质"一词有正确的理解，其次要清楚一个合格的自由职业者应该具备哪些资质，并根据自由职业者的某些资质找到与企业所需的匹配度。

☞如何理解一个人的资质

1973 年，美国哈佛大学教授麦克莱兰德在其发表的题为《测量资质而非智力》的论文中，首次提出了"资质"一词。他认为，个人的行为特征和品质比智商更能有效地决定人们工作绩效的高低，因此应该改变过去那种对人的认知能力进行总体测试的方法，转而衡量那些对人在某一特定工作中的绩效表现有直接影响的特征。他把这些特征称作资质。这个词在国内有四种翻译法，即胜任特征、胜任力、素质或资质。虽然具体用语上有差异，但其内涵是一致的。

自从资质的概念提出之后，很多学者从各自不同的角度出发对"资质"一词提出了各自不同的解释。总体来说，学者们关于资质的定义，在内容上可以分为以下几种观点：

第一，资质是一种个人的基本特征。资质是个人所具有的与工作相关的一种特征，正是这种特征产生了绩效不良者和绩效优异者的区别。资质是个人或个体的基本特征，与高效率和高效的工作业绩有密切联系，并且可以测量。为了区分优秀员工和一般员工，人们一般将资质分为普通资质和特殊资质两类，普通资质是指从事工作必要的条件，特殊资质则是能够将普通员工和优秀员工区分开的资质。

第二，资质是一种行为。这种观点强调资质的可观察性，主张资质是一种可以预期并加以衡量的、用来完成和实现工作目标的行为或者行为组合，是人们（在工作中）需要展示的行为模式的组合，而不是工作本身。资质是一种个体能胜任的某项工作的行为。换言之，那些导致工作绩效有差异的个人行为，就构成了资质，它是一种未来导向的工作行为，可以被教授、观察、习得和测量。

第三，资质是一种知识或技能。资质是与工作相关联的一系列知识和技能的组合。也有人将资质界定为完成日常、战术性工作所需要的职位要求，是会对工作产生影响的知识、态度或者技能，与工作绩效相关并且可以测量和提升。可以被转移到其他工作之中的。可转移的资质是任何工作的基础和关键部分。

第四，资质是一种综合体。该观点认为资质不能简单地归结为单一的维度定义，或者说资质是包括几个方面的综合体。一方面，资质包括了技能、知识和能力，它主要是由工作所需要的知识和技巧所组成的。它对于完成那些常规的、有计划和拥有技术本质的工作任务来说具有指导意义，称为技术资质。另一方面，资质还包括了其他的一些个人特征，如态度、动机、个性，这些对于完成工作中那些不是那么常规、有计划性和技术性的部分来说是必需的。

综合上述的观点，我们不难得出资质的一般性定义：所谓资质，就是个体所具有的知识、能力和态度等多种因素的组合，这种组合产生了绩效优秀者与绩效一般者的区别。这个定义的内涵既包括知识、技能等表层特质，又涵盖了深层的价值观念、个性等内驱力方面的内容。把这个词的外延扩展到具体工作中，一方面这个人能不能做好这项工作，另一方面不同资质的人工作的内容也不同。

资质具有以下特征：①资质与绩效水平相联系，任职者在资质上的差别将体现在工作绩效上的差异；②资质的本质和基础是个体特征的综合表现，是由资质要素构成的，包括个体的知识、能力水平以及心理活动过程，三者是缺一不可的有机整体；③资质是可以观察、分级并测量的，无论是什么类型或者表现形式的资质要素，一定是可以借助某种测量工具对其加以测量，否则也就失去了对于现实的意义；④资质是资质模型的构建基础，而所谓高绩效的资质模型是与组织情境相联系的，因此不存在绝对的适用于所有情境的高资质。

☞**自由职业者应具备哪些资质？**

明白了资质的内涵和外延，那么一个合格的自由职业者应该具备哪些资质？现实中的自由职业者有的是摄影师、有的是程序员、有的是护肤品达人，还有的是瑜伽教练以及开个人工作室的心理咨询师等，那些能成为自由职业者并且一干就是很多年的人，都有一些共同点——具备一个合格的自由职业者应该具备的资质。清楚这些资质，是兼职平台资质审核者的必知一项内容。

第一，自由职业的重点是职业而非自由，因此他们都有自己的专业能力，而且通常情况下这个专业还是他们所喜欢并热爱的专业。他们都有自己的专业技能，有一技之长。他们常常先学习一门新专业，比如通过考取职业资格证书、出国留学、考研等方式进行专业领域的学习。在选择专业时，他们能够选择自己喜欢或者感兴趣的专业，因为他们知道，喜欢和兴趣是一个人学习的最大动力，而愿意学习又有专业能力的人是不怕在未来赚不到钱的。

第二，自由职业者的自律能力、自我管理能力都比较强。正如美国著名作家、医学博士、心理治疗大师斯科特·派克在《少有人走的路》中说："自律，是解决人生问题的首要工具，也是消除人生痛苦的重要手段。简单地说，所谓自律，是以积极而主动的态度，去解决人生痛苦的重要原则，主要包括四个方面：推迟满足感、承担责任、尊重事实、保持平衡。"合格的自由职业者非常清楚这个道理，所以他们的自律能力都比较强。

第三，自由职业者懂得自我营销。自由职业者有很强的"个人品牌"意识和商务合作能力，常常采取口碑营销策略，通过同行或服务过的客户帮自己做宣传。为此，他们非常善于与人交往和合作，建立起自己的人际网络。

第四，自由职业者是持续的学习者，他们会不断更新自己的知识结构。有一位女性独立摄影师，她每次给客户拍完照片都会总结和思考，思考自己

哪里做得好，哪里做得不好，以后可以怎么改进，她会努力让自己的摄影技能不断精进。同时，她还会学习与摄影相关的其他技能，比如化妆、服装搭配等，然后写文章进行免费分享。勤于学习让他们常常能够跨界，会营销、会拍照、会写作等。他们深知跨界学习不仅是现在的趋势，也是未来的一个趋势，他们希望自己成为斜杠青年。

第五，自由职业者有管理好自己财务的能力。做自由职业有很多不确定性的因素，不能完全确切地知道你的下一笔订单什么时候来、下一位客户是谁，也不能完全确切地知道未来的一年你能赚进多少钱。没有单位给交社保，一、二线城市的生活成本高，所以他们注重消费规划，长此以往，他们培养出了很好的财务管理能力。

第六，自由职业者一般都有良好的健身习惯。自由职业通过长期的慢跑锻炼自我的意志和身体，同时也让他们感觉精神上的放松，能做到劳逸结合。比如，健康规律的饮食、保持充足的睡眠，每周至少一次体育锻炼，调解好自己的情绪状态等。虽然这些对很多自由职业者来说很难做到，但他们会朝这个方向努力。有的人通过运用时间管理能力，在这方面做得很好。

第七，自由职业者有强大的内心，能够应对不安全感带来的焦虑。对自由职业者来说，不安全感是现实存在的，但成熟的自由职业者很清楚，无论什么时候，生活总是充满很多不确定性的，所以这类人习惯于谋定而后动、慎重地思考。比如，建立财务缓冲期，在还没有找到工作之前存下一笔保证自己半年或者一年的生活费用，等等。

☞兼职平台如何审核注册者

现实中，兼职平台对注册者的审核是个普遍现象，只是各个平台的审核标准不同罢了。下面来看几个审核比较严格的平台。

企业外包平台大鲲汇集了很多专业开发者、编程人员、设计师、营销人员，这些专家都要经过严格的审核，平均每五位中只有一位能够通过。大鲲正在研究一个分层机制，将专家及其作品分层，来解决此前很难给创意性工作"定价"的问题。这个系统将可能围绕创意、技术水平等维度来设置权重，就好像淘宝上的宝石、皇冠之类的评价系统，日积月累之下，将成为一套评价体系，用来方便甲方更好地选择。

58赶集网推出的赶集职有针对目前兼职市场存在的用户痛点，采取构建兼职人工实地O2O闭环、审核兼职招聘信息、设立先行赔付等多种创新举措，促进兼职市场效率的提升。该平台对企业所发布的兼职招聘先行进行人工实地审核。同时，为破解兼职人员通过线下中介求职体验差和收入难保证的痛点，求职者通过赶集职有应聘兼职工作完全免费，工资可在线结算，一旦出现企业拖欠或克扣兼职人员工资的，赶集职有将第一时间全额赔付。未来赶集职有还将推出兼职人员和用工企业之间的双向信用评价体系，构建包含用工企业的信用数据库和兼职人员，促进整个兼职市场的良性有序发展。

成立于旧金山的Toptal是全球精英自由职业者平台，其工作流程包括三个阶段：客户提出需求，Toptal匹配需求与提前筛选的Toptal成员，匹配的成员以兼职、全职或按小时方式与客户团队合作。Toptal号称只雇用前3%的设计师和自由职业软件开发者，因为他们对申请者精挑细选几乎到了苛刻的地步。要加入 Toptal，申请人必须通过筛选，包括英语和沟通能力，以及各种专业领域的技术考试，比如限时现场编程、算法测试等。Toptal 的自由职业者遍及全球 93 个国家，他们的职业是软件开发者或者设计师，规模达千上万人。

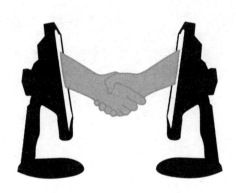

　　好的自媒体平台对企业品牌的宣传效果是显而易见的，但自媒体平台对申请者的审核条件一般都比较严格，这是为了保证入驻者具备各自领域里的专业知识，而平台进行人工审核，则是为了给平台用户更好的体验。如果你是为了纯粹的软文宣传，那么就别浪费时间去申请，因为即使你通过了，账号也随时有被封的可能。如果你是为了发外链，那就更别去申请，因为许多的自媒体并不能放链接。另外，各大自媒体在审核资料中，都有一项辅助材料，这个材料是你能否成功入驻各大自媒体的先决条件。这个材料是证明你具备一定的专业知识与文字功底的参考资料，审核人员往往依据你提供的材料而决定你是否有资格入驻平台。

　　这里值得一提的是，很多金融平台虽然不是兼职平台，但对发布投融资信息把控严格，也从一个侧面反映了信息真实性对供需双方的重要性。比如陆金所，该平台对于借款人的资质审核对外宣称是，他们的平台上发布的投资服务都会经过陆金所及专业机构严格的内部审核，对投融资方进行专业严

格的资质审核，从流程、制度、系统等全面保护投融资双方利益，借款人在陆金所注册申请借款后，具体的资质审核很复杂，对于借款申请人，客服人员会通过电话了解申请人借款后的资金使用目的、借款人的还款能力，包括工作、居住、信用卡使用以及房屋、汽车等贷款情况。接着，借款人前往陆金所指定的线下网点，提交审核需要的所有材料。

第八章　经济观察：零工经济带来的挑战与机遇

在全球范围内零工经济不可否认地促进了人才流动，但参与零工经济的人在获得自由的同时也意味着要面对更多问题和风险，诸如无法获得足够的工作量、没有安全感、不知道如何优化时间表等。但这些问题并非无解，世界各国的企业、政府等各方面都在进行积极的探索，有的已经取得了可以学习借鉴的经验；而作为参与零工经济的主体，自由职业者自身也在努力调试自己的身心，以适应这个新的变化。当然，失败的案例也不少，但从"吸取教训"的意义上讲，起码我们可以运用"排除法"来减少损失。

零工经济对全球人才流动的影响

在过去的几十年里，全球化进程席卷全球。然而和货物与金融资本的跨国流动相比，人才和劳动力的跨国流动的发展速度较慢。人才流动长久以来通常以两种形式进行：一种是吸引人才移民，另一种是工作外包。然而前者因政治、经济和社会风险被许多国家政府严格控制，后者则因投资巨大而成为大型公司的人才管理手段。但值得注意的是，近年来随着在线劳动力和市场的兴起，零工经济正在快速改变这一图景。

零工经济发展得怎样了？它真的能促进全球人才流动吗？哈佛商学院的一项新研究致力于回答这两个问题。研究人员使用的研究数据来自 Upwork（这是一个在线服务外包平台，为买家、工作者提供服务）。UpWork 于 2014 年由两家在线工作平台 Elance 和 oDesk 合并而成，如今是全球最大的在线服务外包平台。研究人员的主要发现如下：

☞新进驻平台的工作者获得工作机会的概率比有经验的老手要小得多

工作者的工作评价与名声在雇主做出雇佣决策时非常重要，尽管鉴于零工平台上的工作机会多为短期项目，工作者的过往工作经验对雇主来说不算是特别有效的信息。研究人员援引一项 2014 年的实验指出，对于那些已经有雇主评分反馈的工作者来说，他们能够吸引潜在雇主的可能性会大大增加。

☞**当下已经出现了一些中介公司来解决工作者和雇主之间的信息不对称问题**

这些中介公司通常由若干名在线工作者抱团组成，以共同名义出现在平台上，中介会给工作者的工作表现评分，雇主可以查看工作者的过往工作经历。2016 年的一项研究发现这些隶属于某个中介公司的新手工作者更有可能比没有组织关系的新手工作者获得工作委托。

☞**在不确定的网络招聘环境中，雇主采取若干手段来尽可能保障工作质量**

许多雇主会将同一项任务委托给若干名工作者，留下表现最佳的工作者，而在那些对任务精确性要求较高的任务中，雇主更倾向于邀请多个工作者以"找茬"的方式完善任务；这种情况在软件开发领域比较多，因为同一个问题往往有多重手段来解决；雇主还倾向于雇用已有过成功合作先例的工作者。

☞**雇主有向同胞外包服务的倾向**

2014 年的一项研究发现，那些已将服务外包给印度工作者且结果令人满意的雇主将下一次任务外包给印度工作者的概率比初次服务外包不成功的雇主高出 11.5%。该研究的结论是，雇主有向同胞外包服务的倾向。上述研究发现，印度侨民在所在国的人口比例每上升 1%，该国在 oDesk 平台上输出到印度的外包项目数量就上升 1%。印度侨民在各国的分布情况和各国输出到印度的外包项目的数量大体一致。

☞**从全球来看，数字劳动力从南向北流动，许多服务外包国家不太雇用本国人，但美国是个例外**

美国是服务外包程度最高的国家，其跨境劳动薪酬总额是排名第二的澳大利亚的近 7 倍。除了服务外包项目多以外，美国的外包平均薪酬比其他国家高 35%。然而在劳动力供给方面，美国仅排名第七，在排名前 20 的劳动力供给最多的国家榜单中，只有四个国家上了雇主国家榜单（美国、加拿大、英国和德国）——这反映了数字工作者和雇主的南北分布情况。

☞**印度荣登工作者薪酬总额榜榜首**

在 2014 年，印度数字工作者获得的薪酬总额达到了 3.4 亿美元，比排名第二的菲律宾高出 19%。在菲律宾之后，薪酬差异越发明显，排名第三的是乌克兰，其数字工作者获得的薪酬总额为 1.18 亿美元，仅为印度的 35%。

如图所示，美国是吸收本国数字工作者最多的国家，在向美国输出数字劳动力最多的国家当中，排名第二、第三的分别是印度和菲律宾，其次分别是巴基斯坦、俄罗斯、孟加拉国和乌克兰。中国在数字工作者输出美国的榜单上排名第八，仅为印度或菲律宾 10% 的水平。

研究人员还通过几个实际案例分析指出在线劳动力市场对企业/机构带来的积极影响。德国制药巨头默克公司曾于 2012 年举办过一项为期 8 周的比赛，将经过测试的化学化合物的相关数据公布，要求参赛者甄别哪个最有未来测试的价值，赢家将获得 4 万美元的奖金。共有 238 支团队参赛提交了 2500 多份提案，最终获奖的解决方案来自一队计算机科学家（而非生命科学专家），他们使用的机器学习技术是默克公司此前没有接触过的。

NASA 则于 2008 年启动了一系列试验项目，以创意众筹的方式、利用组织全球挑战赛来解决此前在 NASA 内部无法解决的技术难题。NASA 在 Inno-

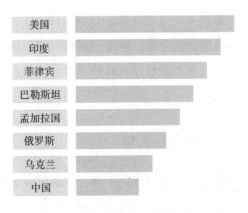

吸收本国数字工作者的国家排名

Centive、Yet2. com 和 TopCoder 这三个平台上放出挑战信息，挑战包括设计紧凑型抗氧设备、预测太阳活动等。在 InnoCentive 上发布的 7 项挑战吸引了来自全球 80 个国家的 2900 名参赛者。在许多案例中，这些参赛者提出的解决方案比 NASA 内部提出的解决方案更好。

"数字劳动力市场是全球人才流动的一个令人激动的前沿领域，而且它的存在日益重要。"研究人员在论文中这样写道。

零工经济对我国文化领域的影响

据阿里研究院报告显示，到 2036 年中国可能有多达 4 亿人属于零工经济的自由职业者。给零工经济、文化领域会带来哪些影响呢？我们一起来看看。

☞文学网站：打赏刺激了零工经济

打赏的出现，无疑有利于增加网络小说作者的收入。据网友"陌上青蓝"透露，白天他是一名白领，而下班之后他就是晋江文学城的小说作者。

晋江文学城主要以"扔雷"的方式打赏,一颗雷最低1元,最高100元,可以无限叠加,作者与网站五五分成。他每天更新一章,周末或者读者催稿的时候他会多写几章,如果写出精彩章节或是大结局,粉丝打赏一个月大概有几百元收入。

☞微博:愿意为精神食粮买单

微博自诞生起就是人们重要的社交平台,忙的时候上班,空的时候写个随笔或者针对某些事情抒发己见。在微博开通打赏功能之后,2015年1~11月,微博实现长微博打赏总计4454.1万元,参与打赏的用户超过50万人,接受打赏的微博作者达到20万人。越来越多的人愿意为网络精神食粮付出金钱。

☞微信:大V作者靠阅读量赚钱

陶先生是一名微信大V作者,时不时会写出阅读量"10万+"的文章,粉丝则有几万人,而他并不是专职写手。他的"账单"显示:2016年9月

1~4 日，四篇文章"旱涝"不均。一篇阅读量 7 万多的文章，金额是 146 元，打赏是 23 人，平均一人赏 6 元多；一篇阅读量达"10 万+"的文章，获赏最多，83 人打赏了 1348 元，平均一人打赏超过 16 元。

☞直播：将"人气"直接变现

《中国互联网络发展状况统计报告》的数据显示，截至 2017 年 6 月，占网民总体的 45.8%，网络直播用户规模达到 3.25 亿。而直播平台已借势而生近 200 家，直播平台上 Top10 主播总身价超过 2.5 亿元。在这个人人都可以当主播的互联网时代，而短视频平台则成了网络主播的温床，网络主播经济爆红。如今不断涌现的网络主播，成名的路径都极其相似，无非是先在短视频平台上传视频，累积粉丝和名气，成名后再延伸到其他商业领域，将"人气"直接变现。无论是这些主播，还是类似 papi 酱的短视频拍手，又有多少是专职的呢？目前大部分主播的收入主要来自四大块：第一是直播平台的点播费用，约占 35%；第二是直播运营商的宣传推广费用，约占 10%；第三是各类代言，占 10%~15%；第四是电商平台销售的商品提成，约占 40%。

从上述情况来看，零工经济之所以引起了不少人的重视，首先是因为这种灵活的就业形态，实际上是解放了人的时间和创造力。中央政府曾多次表态，稳增长的目的是为了保就业，在经济进入新常态的形势下，零工经济显然具有积极作用。

打零工者面对的问题与应对措施

美国可以说是最先开始大量实践零工经济的地区，并且零工者的数据也是高居不下，不论是生活节奏还是工作习惯，很多是以适应零工生活的方式在改变，这些群体证明了零工经济的实操性和吸引力。

下面，我们就从美国人为什么喜欢打零工、优步公司接受打零工事件、打零工者的自由和如何保护零工经济时代、不确定性的劳动者、让零工经济更加公平、零工经济是否对美国的经济增长和就业有贡献六个方面来看看美国打零工者要面对的问题与应对措施。

☞美国人为什么喜欢打零工

2017 年 5 月，美国一家专门为公司提供税务软件服务的公司 Intuit 日前在财报会上公布了相关数据。它的首席执行官 Brad Smith 称，到 2020 年在美国打零工为生的人数有希望能占到整个劳动力市场的 43%。Brad Smith 公布了一份他们此前与 Emergent Research 合作的调查数据，这份数据统计了包括利用 Uber、TaskRabbit、Airbnb 这样的跑腿公司等提供的服务获取收益的人数。在规模上，它已经相当于 3 个沃尔玛了，目前沃尔玛是美国雇员人数最多的公司，雇用了 150 万人。当时根据 Intuit 的预估，到 2017 年年底，在美国打零工的人数量会达到 580 万人，这份数据中并没有将兼职打零工和全职打零工的人做区分。据 Intuit 预估，到 2020 年这部分打零工的人员数量将达到 920 万人，这个数量将超过目前在美国金融服务行业（包括保险、银行、信贷等公司）的员工数量。目前金融业员工数量为 840 万人，在美国各行业员工人数排名中，排在第六位。

周五凌晨 4 时刚过，在波士顿郊区租房住的詹妮弗·吉德里就开始清扫自己的车，尽管邻居们还在酣眠。对于曾在海军服役、做过会计的詹妮弗来·吉德里说，想在零工经济时代获得相对稳定的收入，早起几乎是唯一的选择。给优步公司打工，是吉德里赚钱的主要方式。35 岁的她还会在零工网站 Task Rabbit 上搜索订单，清理花园、替人组装家具。为了和男友杰弗里·布拉德伯利养活三个孩子，她的目标是时薪 25 美元（约合人民币 160 元），至少平均算起来达到这个标准。"日复一日，每天都像是悬在半空中。"吉德里告诉《纽约时报》。在这种看似大有前途的经济形式中，她利用自己的时间、技能或房屋，向需要搭车、住宿、烹饪或整理房间的人提供服务。

4点半左右，清扫完车子的詹妮弗·吉德里回到充当办公室的公寓里，开始用笔记本电脑搜索招聘信息，查看是否有人请她去做私人厨师。她失望了。她看了一眼桌子旁的儿童书桌和沙发床，琢磨着是否能在"空中食宿"（Airbnb）上将它们租出去，但问题是，她5岁的儿子亚丁得在上面写作业。詹妮弗·吉德里安装着另外两款租车应用"Lyft"和"Sidecar"的三星手机仍然没什么动静，但苹果手机里的优步很快出现了叫车信息。她迅速抢下订单，但等了两分钟才出发，以防乘客改变主意。一个多小时后，詹妮弗·吉德里完成了这个去机场的订单，赚了28美元（约合人民币179元）。再拉一趟活儿，她就可以回家叫醒家人并准备早餐了。

周六早上，詹妮弗·吉德里带着工具包驱车前往数英里外的一处住宅，帮一户人家在柜子上安装调整楼梯上的儿童安全护栏、防护措施，并在走廊上挂了一只风铃，赚了50美元（约合人民币320元）。下午，她来到农贸市场为承办的宴会采购食材，晚上又开始做优步司机，一直工作到第二天凌晨。"我不喜欢全职工作，喜欢自由。"詹妮弗·吉德里告诉《纽约时报》。但她也意识到了自己的状态不可持续。这天，詹妮弗·吉德里赚了大约263美元（约合人民币1680元），代价是马拉松式的极端缺乏睡眠和工作时长。"这是美好而漫长的一天。"她承认，"我无法一直这么做。"

纽约大学商学院教授阿伦·孙达拉贾在英国《卫报》的专栏中写道："今天越来越多的人乐意打零工，而不是谋一份全职工作。对乐观主义者来说，这是属于创意者和企业家的美好未来，但是于对立派而言，这种模式充满了反乌托邦意味——被剥夺权利的劳动者要不断挣得下一份计件工作的薪水。"在美国，有关零工经济的话题和事件是如此热门，就连总统选战也卷

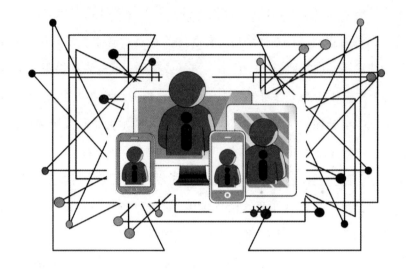

入其中。2015 年 7 月的一天，美国共和党总统参选人杰布·布什在抵达旧金山后，特意搭乘 Uber 拼车到一家初创公司 Thumbtack（以低于市场的价格为客户寻找当地专业人员的服务）演讲，他说人们要构筑自己的梦想，以天分、技能和人脉去实现梦想。不过，民主党总统参选人希拉里·克林顿对这种新的经济模式充满了警惕："不管是共享型经济还是零工经济，创造和释放了创意的潜能，活跃了经济，但同时也带来了一些严峻的问题，我们在未来又该如何定义一份好的工作？"

信息与科技的进步让零工经济不同于以往的自由职业交易市场，比如受到电脑程序设计员喜欢的 ELance-oDesk，因为它不仅为自由职业者提供了新式的就业渠道，而且制造了大批量的新型经济行为。超过 100 万的手艺人在网络商店平台 Etsy 上展示自己制作的服装、珠宝与配饰，而 Airbnb、Love Home Swap 和 Onefinestay 三家公司的"房东"总数接近 100 万。热闹的交易与鲜活的案例让人们产生了错觉：我们是否回到了 18 世纪亚当·斯密在《国富论》中所描述的那种经济——个体与个体在市场上进行相互间的商业活动。随之而来的是大规模生产与经营，这就诞生了现代企业，而亚当·斯密时代的"企业家"最终被 20 世纪拿薪水的雇员们所取代。

历史何其相似。点对点的交易重新获得了生命力，这或许要归功于数字革命。大部分零工经济的服务依赖于电脑或者内置 GPS 的智能手机，需要补充的一点是，人们在领英（LinkedIn）和脸书（Facebook）上进行数字化交流的社会资本让自己在面对一个半生半熟的人时，更容易信任对方。在零工经济中，消费者实际上不是从 Airbnb 的公司租住空间，出行时预约的专车不属于 Uber 所有，而看中的手工艺品也没有贴上 Etsy 的生产标签。这一点，与传统的英国石油公司、美国苹果公司完全不同。从某种意义上来说，这些平台扮演了纽带的角色，帮助你找到符合需求的"另一半"，而对方可能是一个房东、一个私家车主或是一个虚拟商店的卖家。亚当·斯密提出了"无形的手"，但点对点的交易背后却存在一只"有形的手"，比如私家车主没有定价的权力，收入高低要看 Uber 公司的脸色；Airbnb 为注册的"房东"培训人性化的待客之道；Etsy 则打造了卖家社区。上述三家公司都设有用户反馈系统，以提供高品质的消费体验。

在零工经济模式下，朝九晚五的正常作息被彻底打破，你用不着一天到晚为自己的工作费心费力；职业与个人之间的界限也变得模糊，你可以在送完孩子上学后打开手机上的 Uber 程序，然后等待别人的叫车指令。任何事物都有两面性。积极的一面是，你作为自己的老板，可以依照个人意愿在生活与工作之间建立一种平衡；而不确定性同样显而易见——没有稳定公司福利和收入，工作时间也无规律可循——这让你没办法规划长远的未来，因为你并不知道下一年还能挣到多少钱。换句话说，尝试一份全新的工作需要足够的冒险精神，要么碌碌无为，要么当人生赢家。

如何评判零工经济对整个社会的意义，是时髦的利好还是危险的信号？美国《赫芬顿邮报》的立场是两者兼而有之。2007 年初至 2014 年底，美国

的劳动参与率下降了 3.7%。麦肯锡全球研究院的一项研究表明，像 Uber 这样的网络平台，在经济层面的一大作用是刺激劳动参与率。在针对具有劳动能力的失业者的调查中，3/4 的人愿意接受更加灵活的工作方式。即便最终进入零工经济领域的只是一小部分，其影响仍是不可忽视的——麦肯锡全球研究院预测，到了 2025 年，由零工经济产生的年均收益将达到 1.3 万亿美元。不过对于政策制定者来说，首要的议题是在法律框架下厘清网络平台与从业人员之间的关系，保障后者的正当权益（加班费、最低工资、养老与失业保险等），否则容易导致用工纠纷。美国加州的 3 名司机就曾经展开了维权，他们在旧金山联邦法院对 Uber 公司提起诉讼。争议问题除了司机的劳动关系属于正式员工还是油费、合同工和汽车保养费用是否应该得到报销之外，还包括乘客向司机支付的小费被 Uber 收走，没有直接提供给司机本人。

不安情绪同样来自人的社会性遭到了破坏。《华盛顿邮报》记者拉瓦尼亚·拉马纳坦做了一次实验，在一周的时间内完全依赖各种提供服务的热门 APP，从个人的角度来观察零工经济的利弊。尽管感受了便利——吃饭不用去餐厅，购物不用出家门、但在"便利"的名下，她失去了熟悉的社会交往。"我没有机会跟三明治店的老板闲聊或是隔壁咖啡馆的伙计，也不能跟干洗店的工人解释，自己是多么的喜爱从那件非洲带回来的蜡染衣服。"不仅如此，有人帮你送货，有人帮你开车、社会地位的不平等也面临着加剧的风险。

☞优步的好与坏：正规就业之外的零工经济

在优步公司，司机需要按照优步提供的路线行进才算完成工作，每次转弯时手机都会进行语音提示；而从后座传来的嘈杂声时常会淹没关键指示，曾经有一位乘客在乘坐优步时因轻声说话收到了意料之外的感谢。优步把司机称为"独立承包方"，可是它对这些司机们所施加的控制正引起越来越大的争议。有两位司机曾经被伦敦法庭判定有权得到就业利益，比如带薪休假和最低工资，因为他们享有的独立性实在少之又少。事实上，这些司机处于劳动法中的灰色地带，就企业对这类员工的义务来说，相关法规尚不能跟上现实。

令人担忧的不只是优步的盈利状况。麦肯锡国际发布的一份报告指出，在欧洲和美国，有1.62亿或超过总劳动人口20%的人，在正常岗位之外就业，将近一半人以此作为主要收入来源。针对零工对劳动法规进行合理的改变能改善千百万劳动者的生活，反之零工经济应用提供的新工作数量会减少。

劳动关系的分类通常以谁有权力做出决定为准。例如，在合同关系中，雇佣方对提供的服务有选择权，但无权选择提供的方式。在雇佣关系中，雇佣方有权指定雇员方式、劳动工具及时间。经济学逻辑通常促使合作方对于协议只能二选一。当所提供服务的价值比提供服务所投入的精力更易于评估时，个体户式的就业最合适。一家公司以合同方式聘用一位平面设计师，只知道喜不喜欢最后的商标成品，但很难说形成成品的草图中哪一张是值得花时间的。

过去的150年里，正规就业是常态，劳动者保护得到逐步完善。大多数富裕国家赋予雇工特有的权利，包括最短带薪假期、最低工资、病假、（某些情况下）遣散费或养老金以及医疗保险。某些经济学家抱怨这些规定会妨碍劳务市场的竞争机制，增加效率成本。尽管如此，很多社会还是选择采纳这些规定，以此来降低雇员所承担的风险，使劳务市场更公平。然而这些权益通常跟个体户没有关系。因为很难监测一项任务上所花的时间和精力，也很难了解让独立工作在经济上很划算的其他因素，因此，如何确定最低工资以及个体户也不清楚何时领取失业补助。

如果让个体户享受陈旧的福利保障系统，这可能是个问题。选择独立工作的原因并不总是由于一个不受意志控制的受托方想对产品有更大的自主权，它还可能是难以找到好工作的无奈之举。当求职成本高、工作稀缺时，企业就有机会利用更多合同工来降低成本，将工作外包给独立工作者使公司可以缩减法定权益保障的支出，把本应自己承担的风险转移给工作者。如果工作量不足，会以工资损失的形式直接落到独立工作者身上，而企业者则安然无恙；而在常规的企业中，企业要继续给无事可做的员工发薪或是支付其遣散费。

　　优步司机是自己的老板，还是一家大公司的受害者？这是个值得探讨的问题。那些认为司机属于雇员的人指出，优步对其员工拥有广泛的管控。比如，一方面，优步制定了限制车辆选择、行为规范，其应用还指定乘客、规定车费以及司机行驶的路线。另一方面，长短不一，司机可自由决定接活儿的时间。同样，他们还能选择接活儿的地点，以及决定是否接受预约的路费。在诸如优步的平台上提供服务的司机到底属于承包方还是雇员，这是个难题，因为都没有明显的答案。

　　优步把他们定义为个体户式的合同工有利于减少成本。他们不仅能减少优步的成本，还能改善优步的服务。如果优步给所有司机支付最低工资，很多司机就会在没什么客人的时候还待在路上，结果要么是车费涨价、要么是收入减少。同时，优步对匹配搭车、付款和行车路线的管控使新手司机更容易上路。给优步开车来获得收入的能力增强了司机的灵活性，因此，他们越是努力开车的话，就有资格和其他雇主讨价还价。

　　可是这是有代价的。在业务量不足或因疾病无法工作的时候，优步要求司机承担一切经济成本，这对那些以开车为生的人来说十分苛刻。尽管优步与其零工经济同行们认为它们的员工不是传统意义上的雇员，这个观点是正确的，但是，工作协议变得更灵活时，监管者也有理由认为他们仅仅给司机提供薪水是不够的，工作分类和权益保障也应该更灵活，比如说以工作小时按比分配带薪假期。要实现这些，工作者和科技公司都应为双方的利益做出让步。

　　面对不当地将司机归类为外包工而非正式员工的指控，优步公司一直在进行抗争。优步公司的策略师大卫·普洛夫在一次演讲中说："今天我想谈谈工作的未来。越来越多人通过数字平台和共享经济从事灵活而自由的职业，优步目前在全球拥有 110 万个活跃的司机；在美国，每月至少接单 4 次的司机超过 30 万名。这个数字显示出了此类工作对人们的吸引力。"大卫·普洛夫强调,优步主要为需要额外收入或灵活性的兼职工人提供补充收入,他们同样有正式工作。"对大多数人来说,在优步平台上工作甚至算不上一份兼职,他们一天开一两个小时,帮助自己支付账单。"他指出,他们工作的平均时间在持续下降,而且50%的司机每周工作时间少于10小时。这份工作通常是暂时的,1/3的司机表示,他们在找工作的同时靠优步赚点生活费。

　　由优步的乔纳森·霍尔和普林斯顿大学的艾伦·克鲁格撰写的报告则称,85%的优步司机将这一职业当作兼职(每周工作时间少于35小时)。这明显违背了优步试图塑造的公众形象。

　　美国《大西洋月刊》称,优步公司的崛起说服了许多经济学家和政策制定者,数字和自由职业平台在美国人的生活中越来越重要。也让人们开始思考,新技术平台催生的零工经济是否会从根本上改变未来的工作方式。《旧金山纪事报》援引零工网站 TaskRabbit 的声明称,该公司15%的员工是全职工作者,他们每月收入可达到6000~7000美元(合人民币3.8万~4.5万元)。但据美国彭博社调查分析,"共享经济"近70%的工作者年龄在18~34岁,他们更倾向于将这部分收入当作"外快"而非生活来源,近40%的受访者坦承，零工收入只占家庭收入的不到 25%。《美国新闻与世界报道》称，在纽约，使用"空中食宿"（Airbnb）网站出租房屋的人群中，87%将自己正在居住的房屋出租，50%以上没有传统的全职工作，这意味着他们可能是兼职员工、自由职业者、学生或退休人士。

虽然优步公司接受打零工这件事备受关注，但优步公司的司机其收入和工作日程并没有引起太多人的重视。换句话说，当讨论优步等公司对美国经济未来的重要性时，司机的生存状态让这种说法受到质疑。

☞打零工者的自由和不确定性

随着互联网平台和新技术的发展壮大，以时间、收入不固定为特点的零工经济越来越多地影响社会经济。然而，沉浮于这一行业的自由职业者过得并非如人们想象中那样轻松。正如《纽约时报》所说，在零工经济时代，劳动者同时收获了不确定性和自由。

在美国，从事零碎劳动并不是新鲜事，但在新技术和移动手机应用的助推和包装下，它有了光鲜亮丽的新名字——"对等经济""共享经济"或"零工经济"。其意义在于，劳动者可以根据自己的选择自由安排工作时间，接受不同的工作。

"对等经济真正的价值在于灵活性和独立性，这对很多人来说是巨大的转变。"租车网站 RelayRides 的创始人谢尔比·克拉克如是说，"拥有很棒的人生故事，你会遇到善良有趣的人。"问题是，对想从事副业的人来说，这一平台的确可以提供额外的收入。但在失业率高企的大环境下，吉德里这样的所谓独立承包商，经常不得不每周工作 7 天，做很多种不同类型的工作，赚取最低生活保障。即便如此，他们没有固定工资、基本员工福利和保障，风险仍然存在，当企业调整业务模式或降低报酬时，他们几乎没有任何追索权。

伦敦大学劳动经济学家盖伊·斯坦丁认为，一个依靠不稳定工作与薪水的新劳动阶级正在形成，他们取代了"无产阶级"，成为随时可能失业的"危险无产阶级"。

"拥有多样化的投资组合是最好的保护。"自由职业者联盟的创始人兼执行董事萨拉·霍罗威茨向《纽约时报》表示，"当工资水平停滞、收入不平等时，人们为了生存不得不打好几份工"。

☞如何保护零工经济时代的劳动者？

英国《金融时报》专栏作家吉莲·邰蒂指出，伴随零工经济时代的到来，自由职业者不断增加。但美国的养老金、福利及工会体系完全没有做好应对准备。

优步公司在纽约推出一项大胆试验，这家叫车服务公司所做的是，告知纽约的 3.5 万名司机可以成立"独立司机公会"，以有限制的劳动者保护以及促进集体对话。这一细微的政策转变本该早就出现——不仅在优步，还有整个西方世界。因为，如果你想弄清楚为什么如此多的选民现在看起来很愤怒（以及为什么政治民粹主义正在上涨），你可以首先做的一点，就是观察零工经济里普通劳动者的现状。

过去几年，美国等国失去了大量中产阶层工作岗位。这在一定程度上反映了来自中国等地区的竞争——正如共和党假定被提名人特朗普喜欢指出的那样。另一个原因是科技进步，如英国牛津大学马丁学院估计，未来 20 年，美国所有就业岗位中，近一半存在被自动化取代的危险。

但同样重要（但公众关注较少）的是工作性质正在发生的变化。20 年前，大多数美国人认为，一份"工作"意味着按固定日程为一家公司服务。在官方术语中，"雇员"通常是那些提交 W-2 报税表的人士（相比之下，如自雇人士要提交的就是 1099 纳税申报表）。

　　许多劳动者不再符合 W-2 报税模式。虽然他们为一家公司效力，但他们的工作时间也不固定、工作状态像自由职业者，优步司机就是一个这样的例子，但这部分人只是冰山一角。例如，自由职业者联盟估计，美国有近 5400 万人（占所有劳动者的 34%），至少在部分时间从事自由工作。

　　根据对自谋职业非常狭隘的定义，皮尤研究中心的一项研究得出，自由职业者在劳动者中所占比例接近 10%。阿斯彭研究所认为，这一比例可能为 22%。

　　总之，没有人怀疑自由职业者的数量在不断增加，而美国的养老金、福利及工会体系完全没有做好应对准备。

　　当前机制的问题在于，它创建于 20 世纪，那时的大多数劳动者都是 W-2 的雇员，结果是福利与养老金一直与企业而非个人挂钩。民主党参议员马克·华纳表示："这是一种非常二元的体制。"新自由职业经济中的劳动者既不符合 W-2 报税模式，也不符合 1099 模式。因此，自由职业者按需提供服务，但享有的养老金或福利很少，而且几乎没有谈条件的能力。

　　对此，有解决办法吗？建立公会的尝试或许是朝改善现状的方向迈出的一小步。然而，至关重要的应是进行政策改革，在 W-2 框架外，为自由职业者提供一种灵活机动的福利获取方式，并保障他们的收入不会出现剧烈波动。同样重要的是更加灵活的培训和许可发放机制，让零工经济里的劳动者能够提升自身技能。

值得庆幸的是，一些政界人士认识到了这一点。例如，不久前，伊丽莎白·沃伦呼吁改革"过时的员工福利模式"。共和党议员达雷尔·伊萨与民主党众议员埃里克·斯沃韦尔在国会默默组建了一个跨党派小组，讨论如何保护零工经济中的劳动者。与此同时，华纳正提议建立机动的养老金及福利机制。他还希望私营部门企业能想办法帮自由职业者让收入变得相对稳定。

虽然在短期内，国会将任何此类想法制定成法律的可能性很小，但华纳比较看好巴尔的摩、亚特兰大、凤凰城等城市的局势——这些地方正考虑让地方法律走到改革步伐缓慢的华盛顿前头。他表示："各城市正在竞相发展零工经济，因此，在城市层面进行创新可能更容易。"这令人鼓舞，但现在还没有证据显示美国政治领导人明白这一问题，可悲的是，民主党假定被提名人希拉里·克林顿与特朗普迄今都保持了沉默。希望这种局面能尽快发生变化；否则，不安全感只会增加，随之还将有政治抗议情绪。

☞让零工经济更加公平

零工经济创造了经济机遇，激发了创业公司去涉足实体经济的各个领域，探索更高效的解决方案。然而，如何在保持劳动力市场的灵活性和稳定性之间取得平衡，进一步推动商业模式和创新经济的发展，也是亟须思考的问题。

蒂姆·哈福德撰文称，对热心者来说，这些零工意味着可以向老板说不，选择自由，不做工资的奴隶。对悲观者来说，这些是不稳定的谋生方式，没有医疗保险或者任何养老。

基于 APP 的零工经济仍然规模很小。或许 200 名美国工人当中只有 1 人把零工作为主要收入来源，没有人能真正确定。随着零工经济的发展，问题随之而来：我们将社会保障和工作联系在一起的方式明智吗？

虽然细节方面有所不同，但大多数发达国家有"一揽子"必须由雇主而非政府或者个人提供的福利。英国一名全职工人一年享有 28 天的带薪假期。美国默认的医保提供者是雇主。在许多国家，要解雇雇员必须先提供很长的通知期，而体面的养老金是有体面工作的人的专享福利。至于自由职业者，他们可能工作独立且灵活，有时甚至还能有不错的收入，但就社会保障而言，他们不得不靠自己。

不难理解这种体制的政治逻辑：医保、养老金和带薪假期都非常昂贵，要求雇主埋单模糊了它们真正的成本。但优步等公司的出现改变了算盘。

优步司机是不是雇员？优步宣称他们不是雇员。这似乎合乎情理：优步司机可以在任何时间切断 APP 或启动，或者一时心血来潮就去为 Lyft 等竞争对手工作，这么干的雇员很少能被长期雇用。但话说回来，一周花上 60 小时或 70 小时按照优步制定的费率和规则完成其分配的接送任务，这样的司机难道不值得获得某种保障吗？一些部门认为应该获得保障，优步在加州输掉了多起官司，因为法官和仲裁员发现，在某些情况下，优步司机是雇员。

此类判决可能因案例和地方不同而有所差异，这种不确定性对任何人（除了律师以外）都没有帮助。奥巴马的经济顾问委员会前主席艾伦·克鲁格将其比作一个世纪前工人赔偿制度的出现。他说，在围绕工伤事故的诉讼代价变得昂贵且不可预测后，各方就同意了明智的规则。

新的规则应该是什么样子？艾伦·克鲁格的方法是将一些就业福利扩大至零工经济工人来适应现状。他与其合著者塞思·哈里斯将这些工人称为"独立工人"，作为纯粹雇员和纯粹自由职业者以外的第三种分类。艾伦·克鲁格说，他们获得"雇员获得的所有福利，除了那些不合理的福利外"。

如果优步司机享有独立工人的地位，他们就可以建立或加入工会，得到反歧视法律的保护。而从优步来说，它可以提供医疗、养老金、保险以及其他可能让其司机觉得有吸引力的产品，而不用担心这将导致法庭裁定它是雇主，但独立工人将不会有解雇保护或者带薪假。

哈里斯—克鲁格的提议建立在如下观点的基础之上：美国当前的"一揽子"就业权利具有吸引力，而且如果尽可能普遍提供这些权利，美国将成为更美好的国家。在两位数失业率似乎成为常态的欧元区，很难设想多数保护如何应用于独立工人，更难看出这为什么是一个进步的举措。

因此更为彻底的方法是：我们应该结束这种试图将福利国家的负担转嫁给企业的政策。这种政策隐藏了这些福利的成本，并确立了不平等的分配方式。相反，我们应该认真审视这些福利——养老金、医保以及失业金。接下来我们应该决定政府应该提供哪些福利以及福利的规模。政府按照基本水平向所有人提供所有这些福利有着充分的理由，政府不提供的，寻找把提供这些福利作为吸引力（而非法律义务）的雇主可称之为拥有保障体系的自由意志主义。

这无疑只是一个经济学家的美好愿景。即便是温和得多的哈里斯—克鲁格观点似乎也不太可能很快获得政治支持。这令人遗憾。尽管传统工作适合我们中的大多数人，但零工经济非常适合某些人和某些情况。如果我们的劳动法和国家福利制度未能与时俱进。

☞零工经济是否对美国的就业和经济增长有贡献？

在新观念与新技术的包装下，零工经济究竟有多大的吸引力？是否颠覆了就业市场的传统格局？美国和英国官方都给出了否定的结论。英国国家统计局发布报告称，2015 年在全国 3103 万就业者中，有 827 万人从事兼职工作，跟上年相比变化不大。而《英国卫报》的报道以 2014 年 8 月至 2015 年 8 月为统计周期，"拥有两份工作以上的人、自雇人员，以及临时工的数量均出现了下滑"。

美国《大西洋月刊》称，事实证明，优步实际上对美国就业的贡献不大。优步司机平均每周工作 15～20 个小时，相当于 2014 年优步有 8 万名全职员工，而 2014 年全美有 1.3 亿名全职员工。2015 年的前 10 个月，优步司机赚了 35 亿美元（约合人民币 224 亿元）。这是个不小的数字，但只相当于美国私营部门整体薪酬的 0.06%。

华盛顿经济政策研究中心的迪恩·贝克告诉《纽约时报》，许多零工看似报酬不低，但在计算了费用、时间、保险成本和税额后，人们的收入还不到最低工资线。在他看来，这些公司是在"撺掇人们剥削自己"。

在《华尔街日报》看来，那些将零工经济定义为变革的论调缺乏可信度，"美国距离'零工经济'的统治时代还很遥远"——大约95%的美国公民在接受政府调查时表示有一份稳定工作。"可能有几百万人从事Uber性质的兼职工作，但是放到美国1.57亿的劳动力市场背景下，这种趋势可以用'边缘'一词来形容。"《华尔街日报》援引布鲁金斯学会经济学家盖瑞·波特里斯的观点："像Uber这样的公司在资本市场估值很高（700亿美元），但实际产生的经济行为尚未达到同样的高度。"

美国《福布斯》杂志则直言，"分享经济"不会创造任何经济增长，因为同时做几份兼职并没有提高劳动生产率，所有回报都是由更长时间的工作带来的。

零工经济是一场世界性的变革还是一次茶杯里的风暴？《经济学人》分析了英国劳动力市场的调查数据，依然无解。自由职业者被视为最有可能转换到新兴经济模式的人，但这部分群体只占到2%左右，过去15年几乎一直如此。自雇人员的数量有了明显增长，应该把他们归入零工经济还是划到传统的范畴，没人能够说得清楚。至于另一种假设——"有人在本职工作之外利用Uber赚取外快"同样缺乏事实的支撑——拥有第二份收入的人少之又少。自 2009 年以来，保洁、美发与管理咨询的从业者在自雇行业中是增长速度最快的，其共性是都能借助手机 APP 进行交易，由于在零工经济之前就有了人员增长的历史记录，因此两者没有直接关联。

既然如此，轻易否定零工经济规模及其影响力的观点自然也是站不住脚的。《经济学人》提到了两种可能性：一是这场变革或许仍处于婴儿期，二是政府调查时的提问缺乏针对性。以前者为例，法定最低工资标准的提高将加重企业用人的成本，其结果是自雇人员变得越来越多；而税收减免政策的调整将使得许多人想方设法扩大自己的收入来源，在这种情形下也许就会考虑零工经济。再说后者，政府一直不善于准确计算出劳动力市场的规模，统计数据的可信度就被打上了问号。比如有些受访者不会意识到出租自家房间或是车辆是一份工作，因此这部分人被排除在外。美国曾经碰到过这样的问题，英国的统计同样存在误差。软件公司 Intuit 在做零工经济的调查时发现，6% 的英国人在这种新兴经济模式下挣钱谋生，这个比例绝对要高于官方版本。

不管怎样，零工经济让美国人的生活和工作多了一种选择，这算是好事一桩。至于应对的策略，安全、大抵是在自由与政策中间寻找一个平衡点。

如何促进零工经济健康发展

零工经济是剥夺了员工的权利和安全感，还是为不景气的就业市场提供了急需的支持？应该采取什么措施？

☞平台监管不可忽视

有的网络担保平台因为缺乏监管，导致问题很多，其中用户投诉是让人关注的焦点。例如，有用户曾在网上发文谴责猪八戒网骗取雇佣金和担保诈骗，呼吁法律监管部门加大打击力度。

2017 年 7 月 1 日，猪八戒网推出了服务商的新规，重点是对服务规则实施了一系列的调整：包括会员产品调整、技术服务费率调整、诚信保证金调整以及更新《猪八戒网服务商管理规范》。不过，本次调整引发部分服务商的"反弹"，部分服务商对猪八戒网的诚信保证金新规产生质疑，认为平台在揽财、乱收费。更有甚者通过网络论坛、QQ 群发起了对猪八戒网新条规的抵制。

尽管如此，猪八戒网明确态度：我们的愿景就是要打造最诚信服务交易平台，倡导品质服务的市场观念，提升消费者满意度，是猪八戒网义不容辞的平台责任与义务。猪八戒网此次进行的规则调整，其目标就是要通过品质市场规范的手段，全力推动品质服务的市场秩序，打造互联网服务产业的健康生态。

平台对零工经济的健康发展责无旁贷，不仅要有技术、专业、能力，为了实现自由职业者与用工者的信息对接，更要注重诚信，商业道德，履行承诺，处理好自己与自由职业者和用工者的关系，这样才能使零工经济健康发展，也有助于打造一个良好的平台生态。

☞地方政府要促进零工经济健康发展

在当前零工经济越来越凸显的形势下，各级政府应顺应"大众创业、万众创新"的趋势，鼓励零工经济发展，为"互联网+"创造的新就业空间提供优良发展环境。

第一，鼓励零工经济，创造更多就业机会。充分发挥电子商务优势，特别是 C2C 行业能提供大量零岗位，在各类利用零工的创意、众创空间中支持创造、支持大众创业；鼓励各类企业使用零工，把能单独拆分的工作外包，重点客服、支持设计、推广等业务外包，给家庭妇女、残疾人等提供更多就业机会；鼓励开发推广方便衣食住行各方面的互联网应用，如租车代驾、点餐送餐、保洁服务等，持续有效地提供零工岗位。

第二，促进各类零工经济企业健康发展。零工经济可以帮助企业提高劳动生产率、拓展新市场、优化业务流程，如使用海外人才、开拓海外市场甚至雇佣一些掌握小语种的员工等，有利于企业加快转型升级和参与"一带一路"倡议。重点在文化创意/科技研发、工业设计、金融、教育/法律、时尚、旅游等领域，鼓励零工经济与之形成配套。同时，对人均资产量小、利润率较低、劳动成本比重大，但在吸纳劳动就业、提供各类服务、方便百姓生活、保障社会稳定等方面发挥作用的零工经济企业，如小型劳务工程承包公司、零售、餐饮、劳务派遣、旅游服务、居民服务等，给予相应的政策鼓励与引导。

第三，规范零工经济用工市场。一是积极完善解决零工市场劳动争议的法律法规和监管制度，保护用工双方的合法权益。二是规范零工市场准入，加强对网络平台监管，利用大数据分析等技术手段及时了解行业动态，出台相应的监管措施。三是探索建立适应零工从业者需求的新型社会保障体系，设计新型劳动用工合同，规范零工从业者的加班费、最低工资、赔偿金等劳动保障。四是结合互联网技术，探索对零工从业者的培训服务，提高业务水平，强化自我保护意识。

第四，关怀关爱零工从业者。零工从业者没有固定的单位，管理服务较难。政府要通过行业协会等中介组织，关心零工从业者的心理健康，定期组织各类交流活动、政策等援助，对零工从业者提供法律；通过定时发布合格零工网络服务平台名单，为打零工意向者提供寻找零工就业的正常途径；加强与国家有关部门沟通，对涉及境外交易的零工项目，为零工劳动者维护合法权益。

自由职业者如何理解自由和获得自由

匈牙利诗人裴多菲说"生命诚可贵，爱情价更高，若为自由故，两者皆可抛"。可这自由之美，并不是人人都能消受的。如果你以为自由职业者真的很自由，那就大错特错了！无论是闲暇还是有事可做，自由时光都没有想象中愉快。

☞所有自由职业者都是自由的"奴隶"

在很多人的眼里，自由职业者的生活特别享受，既不必面对老板的责骂，也不用担心应对恐怖的办公室文化；既可以睡到自然醒，又不用为上班而挤公交；更让人羡慕的是他们甚至还可以潇洒地背起行囊来一场说走就走的旅行。如果说公司是"围城"，那么困于公司之内的人，恐怕大部分会对城外的自由职业者露出羡慕嫉妒恨的表情。然而，上帝给你开了一扇"自由"的门，必然关上一扇"安定"的窗！

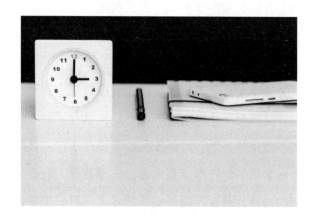

小 A 是个女大学毕业生，大学期间专业是商务英语，毕业后到了温州做外贸，每天两点一线的生活都是围绕收发邮件。因为时差的原因，经常为了等顾客的一封邮件要熬到半夜。有时飞到全国各地或者国外参展，有时接待下外国客人，有时陪客户喝酒聊天。这对于一个外贸人员来说是基本的日常生活，可是对于小 A 却觉得非常累。

小 A 自知自己情商太低、智商不高，办公室文化总令他感觉非常吃力。每次到了酒桌"游戏"时便产生一种厌恶感，加之那时小 A 母亲的身体不好，总是住院，2011~2012 年，每年小 A 都要请假在医院待一个多月。2013年，小 A 的母亲又住院了，彼时她刚好辞去外贸的工作，索性就萌生了回家当自由职业者的念头。

最初，小 A 是给一个网站做翻译，由于没有经验，一篇文章十几元，拼死拼活还是挣扎在温饱线边缘。而小 A 的家乡虽然是个小县城，物价水平却有点高，一个月基本开销没有 3000 元是完全不够的。作为自由职业者的她，一想到朝不保夕的困境就心慌意乱、精神处于高度紧张之中。

为了缓解自己的困境，小 A 经常在贴吧、各个翻译群、论坛里游转，希望能够找到更多的赚钱机会。那时，作为菜鸟级别的自由职业者，小 A 经常是自贬身价，以求有活干。如此度过了一年，每天忙得不可开交，根本没时间去想旅游或者做其他有趣的事情。这时小 A 深深地体会到，所谓自由职业者，在财务自由之前，没有什么是自由的！

2014 年，作为大龄单身女青年，小 A 的家人见她天天忙碌，也没忙出个所以然，反而因为一天到晚待在家里失去了接触外界的机会，一致投票让她再去找个工作，最好能解决终身大事。迫于压力，小 A 中途开了个小差，到一个朋友的英语培训机构当老师。

在当老师期间，小 A 的母亲再一次住进了医院，一住就是一个月。事实上，对于当老师小 A 自己并没有多大兴趣，所以最后决定还是辞职算了，免得误人子弟。辞去教师工作后，小 A 陪母亲在医院待了一个月。回家后，重操旧业，再一次回归自由职业者的怀抱。

此时的小 A 很幸运认识了一位工作室的创业者，他说他需要写手，希望与小 A 合作。当时的小 A 感激涕零，虽然自己的专业是商务英语，但是最喜欢的还是文字，兴趣是最好的老师，所以面对自己的兴趣，不断学习。也就是从那时开始，小 A 感觉自己才真正迈进自由职业的门。

小 A 认为，一个自由职业者，你的老板不是一个人，而是成千上万的陌生人；你的竞争者也不是一个人，而是数以万计驰骋在追求自由道路上的勇猛大军。所以小 A 丝毫不敢懈怠，面对顾客时小心翼翼，有时甚至唯唯诺诺，生怕一不小心得罪了自己的"上帝"。可林子大了什么鸟都有，小 A 偶尔也会碰到一些吃"霸王餐"的顾客，文章写好了，他们会找各种理由说文章不是他们想要的那种，细问他到底要哪种类型时，他们又说不出个所以然。有时文章反复修改，可他们还是觉得不满意。

现在，别人眼里的小 A 很自由、很潇洒、很清闲。每天写作，偶尔出游，2016 年还出版了自己的第一部作品。其实小 A 每天起床后就要开始忙碌，有时一天要交十来篇稿，早早起来码字，蓬头垢面，面对着一直闪动不停的 QQ，脑袋发晕、目不暇接、两眼发直、夜不能寐，恨不能成为孙悟空拔一把毫毛变成七十二个自己。当然也有闲的时候，有时几天也没有一个任务，这时心又开始惶惶然，担心生活。总之，闲也忧愁，忙也忧愁。最痛苦的是，作为自由职业者如果没能像中国台湾人丁肇云或者美国人杰夫·保罗一样有名，那么在别人眼里很可能是无所事事、游手好闲、不求上进之辈。

小 A 认为，别人眼里光鲜靓丽的自由职业者，其实并不是悠闲自由、满世界飞的人群，我们同样为了生存而在努力，工作和努力的方式不同罢了。所谓的自由职业者，很多是在追求自由的道路上被自由"奴役"，用一句时髦的话说，就是"你们眼中的远方只不过是别人现实的苟且"。

所有自由职业者都是自由的"奴隶"。"自由"虽诱惑，入行须谨慎。这是小 A 作为一个自由职业者的真实感受。

其实，自由的背后是自律，除了自律还有他律，即外在的法律规则和道德的约束，两者合在一起才是真正的自由，完整的自由。因此，人人艳羡的自由职业者，其实需要更大的坚守和自制并接受必要的约束；而那些自由的创业者，则更需要强大的智慧和心理能力。

☞成为自由职业者之前必须知道的事情

自由职业可能赋予你力量、挑战甚至自由，但它不完美。所有选择自由职业的人未必都知道，它意味着随时可能出现孤单寂寞、现金流问题和恐惧。显然，自由职业并不适合所有人，你必须乐于激励自己，迅速令一切走上正轨。以下并不是人们常常读到的"创业公司需要面对的困难"式的老调重弹，而是你在成为自由职业者之前必须知道的事情。

第一，有些日子你会无事可做。身为自由职业者，没有什么事情会自动跑到你的日程上来，每一个会议、每一项任务……都必须由你安排。而且，你不必向任何人汇报。所以，会有那么几天甚至几个月，你的日程上没有任何事项。有些人认为这样非常好，你可以做任何想做的事；有些人觉得这种日子很难过。"他们的感觉非常不好，不知道该从哪里开始。"生活教练米歇尔·沃德说，"每天早晨醒来，他们不知道会发生什么。"

第二，你能依靠的只有自己。成为自由职业者时，不会再有老板管着你，这让你激动，因为没有人能把你不想做的事丢给你，也没有人在后面盯着你了。然而，这也意味着，评估你的进步、没有人来推动你前进。因此，你必须能够依靠自己解决这些问题。

第三，你必须大量谈论自己。作为一名自由职业者，你就是自己的推广者。你永远不知道业务将来自哪里，所以你应该在节日派对上告诉每一位家人和朋友，告诉在地铁上碰到的陌生人。有些人喜欢这么做，但并不是所有人。米歇尔·沃德说："不想告诉所有人自己在做什么，如果你非常注重隐私，那么你可能并不适合做自由职业者。"

第四，有时没有生意，你可能被吓坏。没有生意进门，然后恐慌按钮就启动了。无论身处哪个行业，每个自由职业者都会遭遇"业务空窗期"。好消息是，你做自由职业者的时间越长，就越能掌握规律，预见到"业务空窗期"并做好准备。

第五，自由职业者都是热情男女。大部分开启自由职业生涯的人对某个事物拥有热情，想要呈现给世界，但有些事他们没有意识到。要让生意起飞，必须做许多事，如记账、税收、营销、新业务推广等，花在这些任务上的时间常常多于花在主业上的时间。

第六，你将体验孤单。作为自由职业者，很容易出现情感上的孤单。也许在你的周围没有人像你那样，对这个领域倾注如此多的热情。人们可能认为你的业务非常有趣，也愿意时常了解相关动态，但他们不会像你那样生活。

第七，你必须为自己开庆功派对。自由职业者无法拥有涨工资、晋升、被老板表扬的喜悦，然而铭记进步和里程碑非常重要，因此你必须为自己举办派对。获得了一个新客户，就犒劳自己一顿大餐吧；解决了一个非常有挑战性的问题，就去酒吧，请人们喝一杯吧……如果你真的思考过成为自由职业者意味着什么并决定继续的话，那么你将有许多要庆祝的事。

☞让自由职业更为便捷的工具

做一个自由职业者，使用正确的在线工具可以帮助自己取得进展，高效实用的小工具和在线应用程序是自由职业者们的好帮手。以下就是能帮你把自由职业便捷化的在线工具。

Bubble. us：一个集思广益的工具，可以让你把你的想法塞进可爱的泡泡里，并保存为图片。

Relenta：帮助你管理联系人、电邮、文件和其他的活动。

Wridea：适用于作家的创业管理服务和头脑风暴汇总工具。

Slideshare：在线创作和分享幻灯片。

Toodledo：帮你规划任务列表（to do list）的一个网站。

Mint：一个简单易用的金融工具，也能管理你的财务。

eFax：你可能认为传真已经过时了，但是你的大部分客户肯定仍旧在使用，尤其是企业。需要传真的时候，这个网站能使你的生活更轻松。

Webnote：你可以在网页浏览器中快速做笔记。你可以在任何电脑上保存这些书签以便以后再使用。在公共计算机上相当有用。

Box：使用这个工具，与你的客户和朋友在线共享文件。

ReadBag：书签服务让你保存链接，方便以后在浏览器、电邮、电话找到它，甚至可以在离线模式时使用。

Stock. xchng：为你的博客、网站或其他可能使用到图像时，免费存储图片。

YouSendIt：允许传送高达 2GB 的文件和文件夹，使你和你客户收发无障碍。

WordFast：能翻译任何语言的翻译工具。

FaxZero：免费发送传真到美国和加拿大。

Copyright：让你了解所有关于美国版权的内容。

RSS2PDF：把 RSS 源转换成 PDF 格式，你就能离线阅读了。

CentralDesktop：帮助自由职业者协作、沟通，还有与客户和同事共享文件。

FlightStats：对最新的航班信息了如指掌，以便你可以让客户获悉延误情况，如果你需要接机的话，也让你知道他们的确切到达时间。

SiteKreator：帮你迅速创建网站，你只需要添加内容即可。

IInstaCalc：网络版的计算器，包括电子表格功能、单位转换和编程命令。

BlinkSale：让你在线送发票，可循环使用模板，还能追踪你的发票和购买的东西。

Skim：帮助你在所阅读的 PDF 文件上做笔记（仅用于苹果机系统）。

Icebrrg：让你轻松建立在线嵌入式表单。

ConceptShare：允许你邀请客户看看你为这个项目工作时的设计，并得到实时反馈。

GoToMeeting：安装在线会议软件，与客户和同事利用这种会议工具进行交流。

Wufoo：另一种帮你建立表格的工具。

Escrow：高风险时使用此服务，能保护你自己和客户。

XE：很多自由职业者和国际客户打交道，货币转换器是付款时需要的。这个工具会提供最新的汇率信息。

ProjectStat. us：这个工具允许你的客户通过一个记号查看项目状态。

CreativeCommons：这个网站提供免费工具，让自由职业者自由地对他们的创造性工作进行打分。

ProofHQ：让你给各种不同文件类型做注释还有网页。

ProposalKit：一个帮助自由职业者在提案和合同管理方面的在线工具。

SlimTimer：一个在线计时器，可以帮助你跟踪在特定项目所耗费的时间，并相应调整给客户的报价。

SpotRunner：如果你在策划电视广告，可以使用这个网站。

MonkeyOn：允许你创建希望他人做的任务列表。

参考文献

[1] 沈纯道. 走第三条道路——与你一起做自由职业者 [M]. 北京：中国劳动出版社，2011.

[2] [美] 约翰·布德罗，瑞文·杰苏萨森，大卫·克里尔曼. 未来的工作：传统雇用时代的终结 [M]. 毕崇毅，康至军译. 北京：机械工业出版社，2016.

[3] [美] 纳西姆·尼古拉斯·塔勒布. 反脆弱 [M]. 雨珂译. 北京：中信出版社，2014.

[4] [美] 杰夫·豪. 众包：群体力量驱动商业未来 [M]. 牛文静译. 北京：中信出版社，2011.

后　记

在本书完稿之际，笔者想说的是，如果你想做一个合格乃至优秀的自由职业者，以下两点不可或缺。

第一，认识自我。很多人向往做一个不看别人脸色行事的自由职业者，但并不是所有人都可以成为一个出色的自由职业者。认识自我应该是每个希望成为自由职业者首先要解决的问题。想成为自由职业者，首先要对自己的个性、素质、习惯、心理、人际交往能力知识技能等综合因素做清晰全面的了解和判断，要在某一方面有专长。然后根据以往的工作经历选择感兴趣和最擅长的工作作为自己的工作首选，也可以根据市场的需求并结合自己的特点重新开创一片新天地。总之，要做到知己知彼，而不能孤芳自赏和闭门造车。

第二，规划自己的生活。由于长期以自我为中心的生活习惯，自由职业者很容易被主流生活边缘化，适当约束自己可以调动自己的积极性，毕竟，过于松散的自我管理反而不利于了解大众生活，而大众生活是每个人生存的最坚实基础。对于自由职业者来说，自己管理自己、自己安排自己的能力非常重要。自由职业者一定要学会安排自己每天的工作和生活，比如制定详细的日程表格，使自己的工作更富效率和节奏，生活规律化可以给人提供源源不断的内在动力。